세 번째 스물이

두 번째
스물에게

세 번째 스물이
두 번째 스물에게

초판 1쇄 인쇄 2014년 11월 21일
초판 1쇄 발행 2014년 12월 1일

지은이 최병광
사진 최병광
펴낸이 김찬희

펴낸곳 끌리는책
출판등록 신고번호 제25100-2011-000073호

주소 서울시 구로구 경인로 55 206호
전화 영업부 (02)335-6936 편집부 (02)2060-5821
팩스 (02)335-0550
이메일 happybookpub@gmail.com

ISBN 978-89-90856-69-2 13320
값 14,000원

마흔을 위한 응원가
최카피의 혼자병법

세 번째 스물이

두 번째
스물에게

글·사진 **최병광**

끌리는책

바다가 거친 건
훌륭한 사공을
기르기 위함이다

ⓞⓞⓞ

　나는 마흔 살에 독립했다. 혼자 일하기 시작했다. 어찌 일뿐이랴. 내 삶
도 혼자 사는 것처럼 느끼게 된 것이 마흔 살부터였다.

　마흔을 불혹(不惑)이라고 한다. 미혹(迷惑)의 반대 개념이다. 세상에 혹
하지 않으니 어떤 유혹도 스스로 잘 조절할 수 있는 나이다. 사물의 이치
를 터득하고 세상일에 흔들리지 않아야 한다는 그 나이, 마흔. 공자는 왜 마
흔을 불혹이라고 했을까? 그건 나도 마흔이 되면서 알게 되었다. 정말 세
상일이 한눈에 들어오고 뭐든지 보이기 시작했고 알게 되었다. 저절로 말
이다. 사람이거나 일이거나, 유혹에 빠지든지 무시하든지 내가 주도적으로
조절할 수 있게 되었다. 이렇게 이야기하는 나에게 '에이 거짓말!'이라고
생각한다면 그대는 마흔 살이 덜 되었거나 마흔 살을 잘못 산 것이다.

　광고회사 제작실장으로 일하다가 프리랜서를 하니 가장 먼저 수입이
달라지기 시작했다. 일을 많이 하든 적게 하든 일정한 월급을 받았던 시절
과는 달리 의뢰받은 일을 하고 나면 수입이 생겼다. 어느 프로덕션의 일을
잠시 도와주고 월급만큼 보수를 받기도 했다. 운 좋게도 일은 끊임없이 들
어왔다. 당시만 해도 나처럼 프리랜서로 독립해서 일을 하는 사람이 매우
적었던 덕분이었는지 수입도 직장 생활을 할 때보다 훨씬 나아졌다.

내 인생의 시간표가 달라졌다. 아침 일찍 일어나서 출근하고 밤늦게까지 일하던 생활을 끝내고, 늦잠을 잘 수 있게 되었다. 아침 회의가 없어져서 좋았고, 조찬모임과 9시부터 시작하는 강의가 줄어들어서 좋았다. 밤 12시가 넘어야 감성시계가 돌기 시작하는 나는, 밤에 카피를 쓰고 아이디어를 사냥하다가 새벽 세 시에 자고 아침 아홉 시에 일어나는 아주 규칙적인 생활을 하게 되었다.

옷 입는 것도 달라졌다. 워낙 넥타이 매는 걸 싫어했는데 자유롭게 입을 수 있으니 이 역시 기분 좋은 일이었다. 친구들도 새로 생겼다. 직장에 다닐 때는 같은 직장의 친구들이나 거래 관계에 있는 사람들하고만 어울렸는데, 이제는 일에서나 사적인 자리에서 이전보다 다양한 전문가를 많이 만나게 되었다. 새로운 커뮤니티가 형성된 것이다.

지금 생각해보니 회사에 다닐 때는 거친 바다를 항해하는 것이었다. 힘든 일을 먼저 나서서 했다. 매일 일이 늦게 끝나 집에 들어가지 못하고 호텔에서 작업하는 날도 많았다. 카피 작업이나 크리에이티브에 관한 일에는 정답이 없다. 더 좋은 답이 있을 뿐이다. 10여 년 동안 거친 바다를 지나왔더니 아무리 어려운 일이라도 해낼 수 있는 자신이 생겼다. 주위 사람들도 그랬다.

'어려운 일은 최카피에게 맡겨라. 어쨌든 답이 나온다.'

거친 바다를 헤쳐나온 사공에게 보내준 최고의 찬사였다. 광고회사에서 일할 때 거친 경쟁과 치열한 전략 구상과 아이디어 싸움을 해왔기에 홀로서기가 쉬웠다. 군대에서 기초 군사훈련을 왜 강하게 시키는가 생각해보라. 만약 그대가 지금 직장인이라면 힘든 시간을 고맙게 받아들이라는 이유가 바로 이것이다.

홀로 독립하여 일을 한 지 25년째다. 프리랜서로 살아남기 힘든 것이 우리나라의 현실임에도 말이다. 내 주위에는 프리랜서를 하다가 다시 회사로 돌아간 사람들도 많다. 견디기 힘들어서다. 거친 바다를 헤치고 나온 사공에게 더 험한 바다가 달려들 때가 많기 때문이다. 그렇지만 나는 끝까지 해볼 작정이다. 이 힘겹지만 즐거운 자유를 사랑하기 때문에 포기하기 싫다.

직장인의 생존을 이야기할 때 흔히 인용되는 것이 손자병법이다.

나는 오랜 시간에 걸쳐 홀로 일어서고 홀로 생존하는 방법을 만들어왔다. 이를 '혼자병법'이라 부르고 있다.

인생에 정답은 없다. 내가 혼자 일하고 지내온 병법을 그대에게 들려준다. 마흔 살에 홀로 서라. 새로운 인생이 열릴 것이다. 혼자병법을 잘 활용하라. 멋진 삶이 그대 앞에 펼쳐질 것이다.

《손자병법(孫子兵法)》의 '형편'에 보면 이런 말이 있다.

勝兵先勝而後求戰 敗兵先戰而後求勝

승병선승이후구전 패병선전이후구승

이기는 군대는 먼저 이길 걸 생각하고 전쟁을 하며,

지는 군대는 먼저 싸우고 이길 걸 생각한다.

이 말은 전략의 중요성을 이야기한 것으로, 현대 마케팅의 복잡한 이론도 결국 이 한마디로 요약할 수 있다. 그대가 마흔이라는 전쟁터에서 이기려면 먼저 이길 방도를 생각해야 한다.

불혹은 두 번째의 성년식임을 기억하라.

혼자병법의 실마리를 제공해준 송숙희 작가에게 감사를.

불암산 자락에서

최병광

세 번째 스물이 두 번째 스물에게

1

두 번째 스물,
그대는
더없이 소중하다

혼자병법(자신 편)

오만 혹은
편견과의
결별

"어느 쪽이 더 최악인지 모르겠어요.

점점 나이를 먹는 것과 점점 현명해지는 것 중에서요."

_ 〈NCIS〉 중에서

◎◎

19세기 사실주의 문학의 출발을 점화한《오만과 편견》. 제인 오스틴의 명작이자 리얼리즘의 대표작으로 평가받는 이 작품은, 물질주의적 결혼을 당연하게 여겼던 영국 귀족사회에서 진정한 사랑을 이루어낸 청춘 남녀의 이야기를 재미있게 풀어냈다. 여성을 집이나 지키는 존재로만 여기던 당시의 가부장적 계급사회에 일침을 가하며 다양한 여성들의 삶을 보여주었다.

하트포드셔라는 작은 마을에 사는 베넷 집안에는 다섯 명의 딸이 있다. 첫째 제인은 착하기만 하고, 둘째 엘리자베스는 과거의 인습을 거부하는 발랄함을 지녔다. 제인은 같은 마을로 이사 온 빙리를 사랑하게 된다. 하지만 빙리의 친구 다아시는 그들의 사랑에 의구심을 갖고 그 사랑을 반대한다. 그것이 엘리자베스의 눈에는 오만으로 비쳐진다. 엘리자베스는 자신을 사랑하는 다아시를 오만한 귀족이라며 편견을 가진 채 그의 사랑을 받아들이지 않는다. 시간이 흘러 제인과 빙리의 사랑은 모두의 축복 속에 결혼에 이른다. 엘리자베스는 다아시가 사려 깊은 남자임을 깨닫고 서로를 인정하고 존경하면서 결혼하게 된다. 오만과 편견은 껍데기만 보고 판단한 첫인상일 뿐이었다. 그래서였을 것이다. 이 소설의 처음 제목은《첫인상 (First Impression)》이었다.

두 번째 스물, 그대는 더없이 소중하다

여자 셰익스피어라는 평가를 받는 제인 오스틴은 우리가 갖기 쉬운 오해의 대부분이 오만과 편견에서 이루어진다고 말하고 싶었던 것일까? 살아가면서 자신과 남을 힘들게 하는 것이 이 두 가지라고 주장하고 싶어서였을까? 당시 영국사회의 병폐를 향해 일침을 가해서 여성들의 삶을 더 가치 있게 만들고 싶어서였을까?

1813년 1월 28일에 출간되었으니 2013년은 바로 《오만과 편견》이 나온 지 200년이 되는 해였다. 영국 우정사업본부에서는 제인 오스틴의 작품 6편의 상황을 그린 우표 여섯 종류를 발행했다. 《이성과 감성》, 《오만과 편견》, 《맨스필드 공원》, 《엠마》, 《노생거 사원》, 《설득》 등. 그리고 현재 10파운드 지폐 인물인 찰스 다윈 대신 제인 오스틴의 초상이 들어간 지폐를 2017년부터 발행하기로 했다고 한다. 제인 오스틴은 여전히 영국인이 가장 사랑하고 자랑스러워하는 소설가임에는 이의가 없는 듯하다.

이 작품은 영화로도 만들어졌다. 내용을 이해하려면 영화만 봐도 충분하지만 문장의 맛을 느끼려면 책을 먼저 보는 것이 좋다. 책을 바탕으로 만들어진 영화는 원작을 읽고 난 후 보면 책을 읽을 때와 같은 느낌이 들기도 하지만 원작과는 전혀 다른 감흥을 주기도 한다. 영화만 보고 작품을 평하는 것은 역시 편견이 될 수 있다. 2007년에는 앤 해서웨이가 제인 오스틴을 연기한 〈비커밍 제인〉이라는 영화도 나왔다. 제인 오스틴의 실화를 바탕으

세 번째 스물이 두 번째 스물에게

로 만든 소설이고 영화다.

   내가 즐겨보는 미국 드라마에 NCIS가 있다. 해군과 해병대에 연루된 범죄를 해결하는 특수수사팀의 활약을 보여준다. 매회 다른 사건과 이야기가 진행되면서 전개가 빠르고, 수사팀과 범죄자의 두뇌 싸움이 흥미진진해 인기가 좋다. 주인공 제스로 깁스 팀장은 잘 생긴 외모에 논리적 추리력으로 사건을 멋지게 해결한다. 사람의 마음을 읽어내고 부하들을 꿰뚫어보는 능력도 갖추고 있다. 그런 팀장을 부하들은 경외의 눈으로 바라보고 무한 신뢰로 그를 대한다. 어느 날 여자 부하요원이 깁스 팀장에게 이런 말을 한다.

   "어느 쪽이 더 최악인지 모르겠어요.
   점점 나이를 먹는 것과 점점 현명해지는 것 중에서요."

   나는 이 대사를 듣고 가슴이 서늘했다. 나이를 먹어가면서 점점 더 현명해지고 있다고 믿은 내 가슴에 비수를 꽂은 한 마디였다. 드라마를 보고 난 뒤 의자에 앉아 한참을 생각했다. 내가 마흔이 되고 독립을 할 때 버리기로 했던 독선과 편견이 아직 내 가슴속에 있다는 걸 깨달았다. 현명이라는 포장을 한 채 말이다.

두 번째 스물, 그대는 더없이 소중하다

나이를 먹는다는 것은 어쩔 수 없는 일이다. 문제는 점점 현명해지는 것이 사실이냐는 것이다. 다른 사람보다 경험이 많으므로 의견 주도적이 되기 십상이다. 현명해지니 오만과 편견이 생긴다. 자신의 판단을 존중하고 인정해주기를 바라게 된다. 대개는 그 판단이 맞는 편이지만 틀릴 수도 있다. 나이를 먹는 것보다 현명해지는 것이 더 위험할 수 있다.

광고회사에서 팀장 또는 실장으로 근무할 때도 그랬다. 팀장은 믿음직한 독선과 부드러운 편견이 필요하다고 믿었고 실제로 그렇게 했다. 팀원들은 그런 나를 보고 카리스마가 있다고 했다. 우쭐했다. 믿음직한 독선은 부하 직원들을 이끄는 데 필요한 덕목이었다. 독선을 하되 믿을 수 있게 하라. 그러나 과연 그들에게 믿음직하게 느껴졌을까. 부드러운 편견은 정답이 없는 창의적인 일에서 빛을 발한다. 부드러웠지만 그들의 마음을 얼마나 주름지게 했을까? 나의 독선과 편견은 대개 좋은 결과를 가져왔기 때문에 날이 갈수록 더 심해지는 걸 느꼈다. 때로는 독선과 아집도 필요하다. 하지만 절제를 해야 한다는 점을 간과하기도 했다. 그런 나 자신을 돌아보면서 깜짝 놀라곤 했다.

우리는 누구나 오만과 편견을 지니고 있다. 그것을 모르고 있을 뿐이다. 누구나 나이가 들면 안목이 생긴다. 판단력이 생기고 상황의 우선순위를 알게 된다. 그것이 좋은 일이기만 할까? 현명해진다는 것은 그만큼 영

세 번째 스물이 두 번째 스물에게

악해지고 도망갈 방법을 알게 된다는 의미는 아닐까? 오만과 편견으로 무장하고 자신을 합리화시키면서 살아가는 수단으로 삼는 일 말이다. 마흔 살이 되면서 오만과 편견이 정점에 이를 수 있다. 특히 30대에 사회로부터 충분히 인정을 받고 일을 잘 처리해온 사람일수록 오만과 편견은 깊어지기 마련이다.

오만과 편견은 40대에게 자신감을 주기도 하지만, 이 때문에 큰 실패를 맛볼 수도 있다. 오만은 무시와 증오를 일으키는 병이며, 편견은 시야를 좁게 묶어놓는 밧줄이다. 40대에 혼자 서려면 이 오만과 편견부터 버려야 한다. 오만과 편견을 버리는 일은 사랑하는 여인을 잊는 일보다 더 어려울 수 있다. 그래서 결연하게 이별해야 한다.

내가 이 책의 첫 번째 글로 오만과 편견을 거론하는 이유는 다른 외부의 그 어떤 방해나 어려움보다 내부의 이 두 가지가 가장 큰 장애물이 되기 때문이다. 마음이 통하는 친구, 남편이나 아내에게 솔직하게 물어보라. 내게 오만과 편견이 있는지, 없는지. 나도 아내에게 물어본 적이 있다. 아내는 망설임 없이 내가 대단한 오만과 편견을 가진 남자라고 질타했다. 그 말을 들은 이후로 그걸 없애려고 애를 썼다. 노력하는 순간 없어지기는 한다. 하지만 어느 순간 슬그머니 살아나는 인생의 독소다. 자주 청소를 해야 한다.

좋은 학교를 나오고 훌륭한 직장에서 일한 사람일수록 오만과 편견이 생기기 쉽다. 직장에서 성공적인 프로젝트를 수행하고 많은 사람들에게 인정받은 사람일수록 더더욱 빠지기 쉬운 함정이다. 그것으로부터 결별해야 할 나이가 바로 마흔이다.

이 두 가지 독소에서 벗어나려면 어떻게 해야 할까? 각자 나름대로의 방안을 찾는 것이 가장 좋다. 조언을 하자면 다음 두 가지만 잘 지키면 된다.

첫째, 객관화하라. 바둑 두는 사람이 되지 말고 훈수 두는 사람의 시각으로 세상을 보라는 것이다. 직접 경험이든 간접 경험이든 그것에서 우리는 판단력을 강화하고 학습을 하게 된다. 객관화하지 못하고 주관에 빠지면 그것이 오만과 편견으로 변형을 하게 된다. 고대나 중세 서양철학에서는 주관화와 객관화에 대한 이론이 많았다. 칸트에 이르러서 주관과 객관이 대립 개념으로 명확해졌다. 칸트의 위대함이다. 객관화란 주관적인 것을 객관적인 것이 되게 하는 일을 말한다. 혹은 경험을 조직하고 통일하여 보편타당한 지식으로 만드는 것을 의미한다.

둘째, 전체를 보라. 나무만 보고 숲을 보지 못하면 편견이 생긴다. 사람의 일이든 어떤 상황이든 시간과 공간의 전체를 보지 않으면 안 된다. 형태주의라는 뜻인 게슈탈트 철학에서는 '전체는 부분의 총화 그 이상이다'라고 한다. 부분이 모여 전체를 이루는 가치를 보라. 또한 게슈탈트에서는 이조(移調)가 가능하다고 본다. 즉 부분이나 요소를 옮겨도 상호 일정한 관계가 성립되면 전체는 결코 변하지 않는다는 것이다.

이 두 가지만 몸에 배면 그대가 무슨 일을 하든 어떤 사람을 만나든 좀처럼 오만과 편견에 빠지지 않을 것이다.

두 번째 스물, 그대는 더없이 소중하다

자기 연민과의
투쟁

"내가 해야 할 일을 기꺼이 한다고 해서

외롭지 말라는 법은 없다."

⊚ ⊚

독립한 후 프리랜서로 혼자 일을 시작할 때의 이야기다. 마포 어느 큰 빌딩의 9층에 세를 들었다. 같은 크기의 다른 사무실과 비교하면 상당히 비쌌지만 한강이 보이는 창이 있어 시각적 즐거움을 위해 기꺼이 보증금과 월세를 내고 들어갔다. 나는 프리랜스 카피라이터이니 말이다.

그런데 외로움이 찾아왔다. 저녁 퇴근시간이면 어울려 술을 마시거나 당구를 치던 동료가 이제는 없어졌다. 호텔방에 앉아 며칠을 두고 함께 머리를 맞대고 작업하던 친구들은 회사 일에 묶여 있었다. 늦은 밤까지 아이디어 사냥을 하던 그 괴롭고도 즐거운 시간도 누릴 수 없었다. 전화를 했지만 서로 바쁘고 시간이 맞지 않아서 만나기가 어려웠다. 혼자서 느끼는 한강의 풍경은 나에게 외로움이라는 독을 주었다.

그 빌딩 지하 상가에는 괜찮은 카페가 있었다. 어느 날 그곳에 가서 혼자 맥주나 마시려고 자리에 앉았다. 실내는 고급스러웠고 음악은 조용했으며 의자는 푹신했다. 여주인이 옆자리의 손님을 소개해주었다. 그 역시 혼자였다. 같은 빌딩의 다른 사무실에서 나처럼 혼자서 일하는 사람이었다. 그렇게 여러 명을 소개해주었다. 하는 일이 다른 것이 대화를 풍요롭게 했다. 그 카페는 나처럼 혼자서 일하는 사람들의 사랑방이 되었다. 여주인은

두 번째 스물, 그대는 더없이 소중하다

호스트 역할을 아주 잘 해주었고 우리는 저녁만 되면 그곳에 모여 이야기를 하며 웃고 술을 마셨다.

그렇게 카페를 들락거리면서 나는 외로움에서 어느 정도 벗어났다. 새로운 친구가 생겼고 새로운 커뮤니티가 형성되었다. 직장에 다닐 때와는 다른 새로운 만남이었다. 다른 일을 하는 사람들이 모여 이야기를 주고받는 것이 그렇게 즐거운 일인지 예전엔 미처 몰랐었다. 오직 광고만을 생각하고 이야기하던 나에게 새로운 세계가 열린 셈이다.

그렇다고 혼자 일하는 외로움에서 완전히 벗어난 건 아니었다. 카피를 쓰고 글을 쓰는 일이 어차피 혼자서 하는 일이지만 문득문득 자기 연민을 느낄 때가 있었다. 그럴 때마다 멍하니 창을 바라보면서 자문하곤 했다. '나는 왜 이렇게 혼자서 일을 하는가? 누구를 위해 이 밤에 혼자 앉아 글을 쓰고 있는가? 왜 나를 위해 카피를 쓰지 않고 남의 회사를 알리기 위해 카피를 쓰고 있는가? 언제까지 이렇게 살 수 있는가?' 이런 질문을 스스로에게 던질 때는 우울한 감정에 빠져들었다. 자기 연민이었다.

홀로 일하거나 혼자 살아가는 사람들의 가장 큰 문제는 자기 연민이다. 외로움과 괴로움이 엮여 자기 연민으로 드러난다. 자기 연민은 커갈수록 스스로를 죽이는 독약 같은 감정이 된다. 어느 한 순간에 그걸 느낀다면

세 번째 스물이 두 번째 스물에게

별 문제가 없지만 자기 연민에서 벗어나지 못하면 스스로를 학대하기도 하고 심지어는 자살충동을 일으키기도 한다. 젊은 나이에 자살한 사람들에게서 자기 연민을 많이 발견할 수 있다.

내가 자기 연민에서 벗어날 수 있도록 도와준 사람은 그 카페의 여주인이었다. 그녀는 혼자 일하고 혼자 살아가는 사람들의 심리를 잘 알고 있었다. 그녀 역시 혼자 살면서 그것을 잘 극복하고 있었고 그 카페의 단골들에게 그 방법을 나눠주었던 것이다. 그리고 그즈음 나에게 자기 연민에서 벗어날 수 있도록 도와준 한 편의 시. 그것은 로렌스의 작품이었다.

영국의 소설가이자 시인이며 비평가였던 D. H. 로렌스는 산업화로 야기된 인간 정신의 황폐화를 신랄하게 비판했다. 탄력 있는 언어와 생명력 넘치는 문장으로 현대문명에 도전장을 던졌다고 할 수 있다. 대중적으로 알려진 그의 대표작은 《채털리 부인의 사랑》이 있다. 콘스탄스와 멜로어의 성애적 사랑의 묘사로 인해 고등학교 시절 남몰래 보기도 했던 책이다. 이 책은 성애만을 다룬 것이 아니라 꺼져가는 우리의 생명력을 다시 일으키려는 작품으로 평가받아야 한다고 생각한다.

처음에는 나 역시 로렌스를 오해했지만 그의 진면목을 알고 나서는 그를 다르게 보았다. 특히 그의 시 한 편을 읽는 순간 뒤통수를 한 대 얻어맞

세 번째 스물이 두 번째 스물에게

은 것 같은 충격을 받았다. 그 시가 바로 '자기 연민(Self pity)'이다. 자기 연민의 웅덩이에 빠지려고 할 때 이 시를 읊조리곤 했다. 다시 탱탱한 감정의 부활을 얻을 수 있었기 때문이다.

I never saw a wild thing sorry for itself.

A small bird will drop frozen dead from a bough

without ever having felt sorry for itself.

나는 들짐승이 자기 연민에 빠진 것을 본 적이 없다.

얼어붙은 작은 새가 나뭇가지에서 떨어질 때도

자신을 가엾게 여기지 않는다.

_ D. H. 로렌스 '자기 연민'

짧은 시. 그러나 그 느낌은 결코 짧거나 절대 가볍지 않다. 현대를 살아가는 사람들에게 던지는 강력한 선언문처럼 느껴진다. 강한 척 사는 인간은 기실 야생의 그것보다 얼마나 나약한가를 이야기한다. 자기 연민은 필요 이상으로 감정을 드러내는 인간의 얄팍한 감정일 뿐이다. 그걸 통해 연약한 자신을 확인하는 감정의 사치일 뿐이다. 나는 이 시를 통해 좀 더 당당하고 의연하게 살아가야 한다는 힘을 얻곤 했다. 한 번 살다 죽으면 끝인 인생인데 자기 연민이나 타인의 동정 따윈 필요 없음을 깨닫게 해주었다.

나는 혼자 술을 즐겨 마시는 편이다. 내 방 책상 옆에는 여러 가지 술이 놓여 있다. 독주를 좋아하는 편이라 코냑과 중국 술이 많다. 요즘은 수정방이라는 놀랄 만큼 향기로운 술을 마신다. 혼자 술을 마실 때는 단호한 절제가 필요하다. 친구나 여자의 유혹에서도 자유로워야 한다. 특히 자기 연민을 다스릴 줄 알아야 한다. 그렇지 않으면 혼자 술을 마시면 안 된다. 술을 마시고 마치 관심을 얻기 위해 이유 없이 우는 아기처럼 울음을 터뜨려서는 곤란하다. 아기들은 자신이 처한 현재의 상황을 바꾸고 관심을 받기 위해 운다. 어머니가 그걸 해결해준다. 그대가 도저히 바꿀 수 없는 상황에 처할 때, 그것과 싸우느라 정력을 낭비하거나 자기 연민에 빠지지 말아야 한다. 우리가 투쟁해야 할 대상은 현실이 아니라 자기 연민이다. 자기 연민에 빠져 괴로운 순간이 찾아온다면 로렌스의 시를 소리 내어 읊어보길 권한다.

자기 연민이나 동정심은 결코 비겁함을 정당화하지 못한다는 걸 기억하라. 여기 자기 연민에서 벗어나기 위해 몇 가지 유용한 팁이 있다.

* 바꿀 수 없는 상황을 바꾸려고 하지 말라. 쓸데없이 힘을 낭비하지 말라.
* 현실을 똑바로 보고 도피하지 말라. 도망간다고 해결되는 건 아니다.
* 어려운 문제가 생겼다고 스스로를 불쌍하게 여기지 말라. 시간의 힘을

세 번째 스물이 두 번째 스물에게

믿어라.

* 자신의 명예를 존중하라. 자존심을 버리지 말라.

* 자기 합리화를 하지 말라. 자기 방어기제에서 벗어나라.

* 다른 사람의 동정을 바라지 말라. 비굴해진다.

자유
또 자유

인간은 자유 그 자체이다.

_장 폴 사르트르

@ @

'무엇이든 할 수 있는 자유, 아무 것도 하지 않을 자유.'

이 말을 한 번 소리 내어 읽어보라. 상상만 해도 좋지 않은가? 하고 싶은 것은 하고, 하고 싶지 않은 것은 하지 않는 삶. 나는 이렇게 살고 싶었다. 실제 그렇게 사는 편이다. 지나고 보니 그렇게 사는 것이 가장 좋았다. 길다면 길고 짧다면 짧은 인생. 한 번 살면 끝이고 절대 두 번 살 수 없는 생인데 뭐하려고 하기 싫은 일을 하느냐는 것이 내 지론이다. 물론 하기 싫은 일을 할 때도 있다. 그럴 때는 그 일이 좋아지도록 노력한다. 그래도 안 되면 그만둔다. 그러다보면 금전적으로 손해 볼 때도 있지만 돈보다 더 소중한 시간을 얻을 수 있다.

하고 싶은 것 하는 것보다 하기 싫은 것 안 하는 것이 더 어렵다고 사람들은 말한다. 나는 그들에게 정말 하기 싫으면 하지 말라고 충고한다. 그런 것 안 했어도 시간이 지나면 사실 큰 문제가 없었고 안 했던 것이 오히려 좋았던 내 경험을 들려준다. 끊임없이 흐르는 것이 시간이다. 다시 돌아오지 않는다. 이 소중한 시간을 즐겁게 하고 싶은 것 하면서도 다 못하는데 왜 싫은 것 억지로 하는가 말이다. 중요한 것은 지나고 나면 아무 일도 아니라는 것이다. 내가 좋아하는 시간을 보냈는가 그렇지 않았는가 하는

두 번째 스물, 그대는 더없이 소중하다

결과만 남는다. 이제와 생각해봐도 잘했다는 생각이 늘 든다.

'무엇이든 할 수 있는 자유, 아무 것도 하지 않을 자유.'

이 말은 클럽메드의 카피였다. 지금 클럽메드의 슬로건은 '꿈꾸던 휴가, 그 이상의 행복'이다. 위의 말보다 말맛이 떨어진다. 평범하다. 대구로 된 이 한 문장이 사람의 마음을 움직인다. '무엇이든 할 수 있고 아무 것도 하지 않아도 된다니!' 여행을 많이 가본 사람일수록 이 말에 공감할 것이다.

클럽메드는 1950년에 설립되었으니 사람으로 치면 환갑을 넘겼다. 벨기에의 수구 챔피언이었던 제라드 블릿츠가 만들었는데, 숙박은 기본이고 식사와 다양한 레저스포츠, 엔터테인먼트를 즐길 수 있는 종합 리조트 개념으로 시작했다. 클럽메드의 직원들은 낮에는 일하고 밤에는 쇼를 한다. 단순히 일을 하는 것이 아니라 일과 인생을 즐긴다. 일의 책임은 그들에게 즐거움이고 인생을 즐기는 권리는 그들에게 당연한 것이다. 그들의 삶은 자유로워 보인다.

일본의 디즈니랜드에서도 나는 일의 즐거움을 발견했다. 입구에 들어서면 피아노맨이 자전거를 타고 연주를 하면서 손님들을 맞이한다. 지금도 있는지 모르겠지만 서양인인 그에게는 이것이 직업이고 일이다. 그런

데 그의 표정은 즐겁기 짝이 없다. 그는 일을 하는 것이 아니라 즐기고 있었다. 디즈니랜드 안에서 청소하는 젊은이를 발견하면 유심히 관찰해보라. 즐겁게 청소를 하고 있다. 배를 타고 강을 탐험하는 코스가 있다. 손님을 가득 태우고 앞에서 리드하는 청년은 손님들이 직접 배를 젓게 하고 자기의 명령을 따르도록 한다. 손님들이 배를 저어 나아가게 하는 책임을 즐거워한다.

자유는 책임과 권리에서 나온다. 책임과 권리를 적절히 누리고 살 때 비로소 자유는 탄생한다. 프랑스의 작가이자 철학자였던 장 폴 사르트르는 시몬느 드 보부아르와 계약 결혼을 하고 51년 동안 그 관계를 유지하다가 죽었다. 죽어서도 같은 무덤에 있다. 그는 자신의 권리를 다 누리고 책임도 즐겁게 받아들였다. 사르트르는 이렇게 말했다. 그의 정신적 헤드라인이다.

'인간은 자유다. 인간은 자유 그 자체이다.'

파리에 가면 에펠탑도 좋고 세느 강변도 멋있지만 몽파르나스 공동 묘지에 가보길 권한다. 그곳엔 유명 작가들이 잠들어 있다. 《여자의 일생》, 《부울 드 쉬프》 등의 작가 모파상, 《악의 꽃》을 쓴 보들레르, 그리고 장 폴 사르트르와 시몬느 드 보부아르가 합장된 무덤이 있다. 무덤에는 늘 누군가 꽃을 가져다 놓는다.

사르트르와 보부아르의 관계가 오랫동안 유지될 수 있었던 것은 '사랑의 질'과 '주거공간의 분리' 때문이라는 해석이 가장 유력하다. 철학적 사유의 기반을 바탕으로 자유와 존재 그리고 실존의 문제, 페미니즘 등을 주창하고 끊임없이 토론하고 실천하면서 그들만의 '사랑의 질'을 만들어간 것이다. 이런 삶은 바로 권리와 책임에서 빚어지는 자유정신에서 나온다.

일과 사랑을 즐기기 위해서는 무엇보다 그것에 능통해야 한다. 그렇지 않으면 일과 사랑에 끌려다니게 된다. 일이나 사랑에 끌려다니는 것은 비극이다. 일과 사랑을 자발적으로 리드할 수 있어야 하지 않을까!

다음으로 앞서 말한 것처럼 하고 싶고, 좋아하는 일만 하라. 하기 싫거나 지겨운 일에 인생을 낭비하지 말라는 말이다. 내 인생, 내 시간을 낭비하는 것은 죄악이다. 스티브 맥퀸과 더스틴 호프만이 출연했던 영화 〈빠삐용〉에서 주인공 빠삐용은 자신의 죄가 '인생을 낭비했다는 것'이라고 깨닫는다. 결국 자유를 찾아 탈옥한 후 자신에게 주어진 권리를 누리고 살았다. 내가 사는 이 세상이 감옥처럼 느껴진다면 과감히 탈출하라. 일이든 사랑이든 결코 나를 묶는 사슬이 되어서는 안 된다. '인간은 자유 그 자체'라는

두 번째 스물, 그대는 더없이 소중하다

사르트르의 말을 염두에 두라.

《어린 왕자》를 쓴 생떽쥐베리는 '사람이 된다는 것은 바로 책임을 안다는 그것이다'라고 말하기도 했다.

글쎄요. 생떽쥐베리 선생. 나의 권리는요?

생각인가
행동인가

信言不美, 美言不信

신언불미, 미언불신

_ 도덕경

‘생각하는 대로 행동하지 않으면 행동하는 대로 생각한다.’ 프랑스 작
가이자 비평가인 폴 부르제의 말이다. 과연 누구나 다 그럴까? 생각이 중
요한 사람이 있듯이 행동이 우선인 경우도 많기 때문이다. 우리는 생각만
으로 살 수 없다. 무엇을 하든 행동해야 한다. 문제는 생각과 행동의 조화에
있다.

생각과 행동에 관한 많은 아포리즘이 있다. 그중에 심사고거(深思高擧),
신사독행(愼思篤行)이라는 말이 있다. 심사고거는 ‘생각은 깊게 행동은 대담
하게’란 뜻이고, 신사독행은 ‘신중히 생각하고 충실히 행동한다’는 의미다.
생각을 먼저 하고 그다음 행동을 하라는 공통된 의견이다. 나는 심사고거
라는 말을 좋아했다. 생각은 깊게 하고 행동은 대담하게 하자고 늘 다짐하
지만 그게 뜻대로 되지는 않는다. 인생은 저지르는 자의 것이라는 말도 좋
아했다. 지나고 보니 이 말이 참으로 멋지다고 느낀다. 대담한 행동, 뭔가를
저지르는 인생! 이걸 무시하고 나중에 하자는 생각은 참 어리석다.

《노자처럼 생각하고 한비처럼 행동하라》라는 제목의 책이 있다. 도덕
경으로 대표되는 도가의 대가인 노자의 사상과 법가를 완성한 한비의 철학
을 잘 섞어 이해한다면 복잡한 현대인의 삶도 가치 있게 꾸려나갈 수 있음

을 알려준다.

춘추전국시대의 제자백가를 대표하는 사상에는 도가와 법가가 있었다. 노자의 《도덕경(道德經)》과 한비의 《한비자(韓非子)》는 풍부한 철학과 깊은 지혜로 오랫동안 많은 사람들에게 영향을 미치고 있다. 이 두 가지를 잘 익혀두면 생각과 행동을 어떻게 하고 조화시킬 것인지 답이 나온다.

노자는 BC 6세기에 활약한 제자백가 중 한 사람으로, 도가의 창시자로 알려져 있다. 공자는 젊은 시절 노자를 찾아가 배움을 청한 적이 있는데, 노자는 공자의 오만을 질책했고, 공자는 그에게 큰 감명을 받았다고 전해진다. 공자는 노자를 구름과 바람을 타고 승천하는 용에 비유하기도 했다.

노자가 쇠락해가는 주나라를 떠나 진으로 들어가는 함목관에 이르렀을 때 국경지기인 윤희가 그에게 책을 부탁했다. 이때 노자가 남긴 5천여 자, 81편의 책이 《도덕경》이다. 상권은 도에 대해, 하권은 덕에 대해 이야기하고 있다. 그리고 홀홀 떠났는데 그 이후 아무도 그가 어떻게 되었는지 모른다고 사마천은 기록하고 있다.

도라고 말할 수 있는 것은 도가 아니라고도 한 《도덕경》에서 우리는 살아가면서 길을 몰라 답답하거나 문제가 생겼을 때, 사람과의 관계가 어

두 번째 스물, 그대는 더없이 소중하다

렵게 느껴질 때 지혜와 길을 발견할 수 있다. 언제 어디서나 어느 페이지를 펼쳐도 좋다. 《도덕경》은 모두 좋은 아포리즘이다. 한 문장 한 문장이 지혜를 담고 있다. 그중에는 이런 문장이 있다.

信言不美, 美言不信. 知者不博, 博者不知
신언불미, 미언불신. 지자불박, 박자부지

믿음직한 말은 아름답지 않고, 아름다운 말은 믿음직하지 않다.
아는 자는 잡다하지 않고, 잡다한 사람은 알지 못한다.

앞 문장 '신언불미, 미언불신'은 이렇게 해석해도 좋다. '믿음직한 사람은 꾸밈이 없고, 꾸밈이 있는 사람은 믿음이 없다.'

후배 여류작가가 떠오른다. 마흔이 다 되도록 미혼인 그녀는 외모와 말투가 아름다워서 사람들이 좋아한다. 그녀의 작품은 인기도 좋고 특히 남자들을 매료시킨다. 그러나 어느 정도 시간이 지나면 사람들은 그녀가 모습은 아름답지만 오래갈 만한 믿음은 부족하다고 느낀다. 처음에는 환호하던 남자들이 차츰 싫증을 낸다. 얄팍한 이기심이 느껴진단다. 미언불신(美言不信)의 결과다. 그녀의 아름다움이 허상으로 느껴지고 신뢰가 사라지게 된다. 사람들과의 대화나 블로그, 페이스북 같은 일상에서 교언영색을 연발하는 사람은 멀리 하는 것이 좋다. 대교약졸(大巧若拙)을 생각하면 된다.

한비가 쓴 《한비자》는 법가 사상을 집대성한 것으로, '법, 술, 세(法, 術, 勢)는 모두 제왕의 도구'라는 생각을 담고 있다. 군왕에게 읽히기 위해 쓰여진 책인 《한비자》는 진시황의 중국 통일에도 영향을 미쳤다고 한다. 《한비자》에는 리더가 가져야 할 덕목과 자기가 가진 권력을 어떻게 사용해야 더 효과적인지, 이를 이용하는 방법을 설명하고 있다. 법에 의거한 상과 벌의 효율적인 이용방법은 물론 인재를 잘 찾을 수 있는 방안도 알려준다. 신분이나 학연 등을 중시하고 차별이 심했던 당시 중국 사회에서 한비의 사상은 획기적이었다는 평가를 받고 있다.

처세에 대한 책이나 성공학에 대한 그 어떤 강연보다 나는 노자의 《도덕경》과 한비의 《한비자》를 능가하는 건 없다고 생각한다. 아니 도저히 능가할 수 없다. 비슷하기도 어렵다. 특히 비즈니스나 사람과의 관계에서 생각과 행동을 어떻게 조화시켜 펼칠 것인가를 고민한다면 이 두 책이 길을 가르쳐줄 것이다.

'밭 전'(田)자에 '마음 심'(心)자가 붙은 글자가 '생각 사'(思)다. 즉 마음의 밭이 생각이라는 의미다. 그래서 마음을 움직이면 모든 것이 가능해진다고 한다. 몸의 밭은 어디일까? 바로 위(胃)다. 밭 전자 아래에 몸을 나타내는 월(月: 肉을 의미한다)이 붙어 있다. 생각과 위는 사람을 이루는 중요한 두 가지 요소다.

흔히 생각만 하고 행동을 못하는 사람을 햄릿형이라고 하고, 반대로 생각은 안 하고 행동만 앞서는 사람을 돈키호테형이라고 한다. 아버지를 죽인 삼촌에게 복수할 기회가 왔지만 생각을 너무 깊게 하다가 결국에 비극적인 결말을 맞은 인물이 햄릿이다. 우리 주변에도 이런 사람이 많다. 반대로 돈키호테는 일단 저지르고 보자는 식이어서 풍차를 보고 악당이라고 덤빌 정도로 무모함을 보여주는 인물이다. 이런 사람 역시 주변에서 자주 만나게 된다.

생각과 행동. 생각할 때는 생각해야 하고 행동할 때는 행동으로 보여주어야 한다. 생각해야 할 때 행동하고, 행동해야 할 때 생각에 빠져 있다면 어떤 결과를 가져올 것인지 자명하다. 생각과 행동, 이 둘의 때를 아는 것이 지혜다. 철든다는 말은 뭔가를 해야 할 시기를 안다는 의미다. 현대인은 너무 철이 없다.

영국의 어떤 연구 결과에 의하면, 여자는 서른두 살에 철이 들고 남자는 이보다 11년이나 늦은 마흔세 살에 철이 든다고 한다. 그리고 여자는

일 년에 열네 번이나 남자에게 나잇값 좀 하라고 말한다고 한다. 믿거나 말
거나지만 남자 마흔 살에는 생각과 행동을 적절하게 조화시킬 수 있도록
철이 들어야 한다.

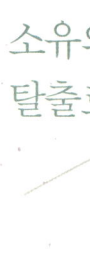

소유의
탈출로

세상에는

돈이 있는 사람과

부자인 사람이 있다.

- 코코 샤넬

〈영웅본색〉. 이 영화는 많은 사람들, 특히 남자들에게 깊은 인상을 남긴 영화다. 주연이었던 주윤발은 당시 우리의 영웅이었다. 주윤발이 나온 명장면은 수도 없이 많다. 그중에서도 나는 100달러짜리 지폐에 불을 붙여 담배를 피워 물던 장면이 아직도 기억난다. 돈을 우습게 여기는 치기 어린 행동이었지만 그 장면을 보면서 돈도 종이에 불과한 것이라는 생각을 했다. 이 장면은 하나의 상징이라고도 생각했다. 돈이란 많이 가질 수도 있지만 없을 수도 있는, 결국은 아무 것도 아니라는 것. 사는 동안 잠시 필요한 것에 불과하다는 느낌을 주었다.

홍콩 느와르라고 불리는 주윤발의 영화들은 대 히트를 치면서 그에게 엄청난 부를 안겨주었다. 그는 1400억 원이나 되는 재산의 99퍼센트를 기부하겠다고 했다. 기부라는 것이 말이 쉽지 행동으로 옮기기는 정말 어려운 일이다. 주윤발은 평소 지하철을 애용하는데, 워낙 평범하게 입고 다녀서 사람들이 못 알아본다고 한다.

세계적인 배우 성룡은 더 놀라운 이야기를 했다. 수많은 영화에 출연하면서 모은 재산이 무려 1조 원이란다. 그럼에도 그는 죽을 때 통장 잔고가 0원이어야 한다고 하면서 늘 기부에 앞장서왔다. '이 돈들은 내 것이 아니라 내가 잠시 보관하고 있는 것이다'라고 하면서.

마이크로소프트를 창업한 빌 게이츠는 2006년에 친구에게 회사를 물려준 후 빌 & 멜린다 게이츠 재단을 세우고 남을 돕는 일에 앞장서고 있다. 요즘 사람들의 라이프 스타일을 혁신적으로 바꾼 애플의 스티브 잡스는 가족과 함께 20년 동안 엄청난 재산을 익명으로 기부해왔음이 뒤늦게 알려졌다. 이 사실이 알려지기 전까지 기부를 거의 안 한다는 평판이 있었고, 그 때문에 다른 기업가들과 비교당하면서 비판의 대상이 되기도 했다. 스티브 잡스의 미망인인 로렌 잡스는 오래전부터 에머슨 콜렉티브라는 회사를 설립하여 기부활동을 해왔는데, 이를 알리지 않았을 뿐이었다.

우리나라에도 유명인들의 기부 활동이 많아졌다. 가수 김장훈을 비롯한 많은 연예인들이 수억 원에서 수십억 원 이상을 사회에 기부하고 있다. 뿐만 아니라 어렵고 힘든 환경에서 돈을 번 일반인들의 기부 사례도 뉴스를 통해 자주 접하게 된다.

노블레스 오블리주(noblesse oblige).
사회 지도층이나 고위층 인사에게 요구되는 높은 수준의 도덕적 의무를 일컫는 프랑스 말이다. 사회적으로 누리는 명예(노블레스)만큼 의무(오블리주)를 다해야 한다는 뜻이다. 노블레스 오블리주는 초기 로마시대에 왕과

두 번째 스물, 그대는 더없이 소중하다

귀족들이 보여준 도덕 의식과 솔선수범의 태도에서 비롯되었다. 이런 행동은 귀족들이 자신을 지키려는 수단이기도 했지만 국민정신을 한곳으로 모으는 원동력이 되기도 한다.

초기 로마시대에서는 귀족층의 공공봉사와 기부가 하나의 전통이었고, 의무인 동시에 명예로 인식되었다. 특히 귀족 등의 고위층이 앞장서서 전쟁에 참가하는 전통이 있었는데, 계속되는 전투에서 귀족들이 많이 희생되었기 때문에 로마 건국 이후 500년 동안 원로원에서 귀족이 차지하는 비중이 15분의 1로 급격히 줄어들었다고 한다. 자녀를 군대에 보내지 않으려는 우리의 일부 고위층과 비교되는 이야기다.

영국의 고위층 또한 노블레스 오블리주의 정신을 잘 실천하는 모습을 보여준다. 두 번의 세계대전에서 영국의 고위층 자제가 다니던 이튼칼리지 출신 중 2천여 명이 전장에서 목숨을 잃었다. 최근에는 해리 왕자가 아프간 전투에 헬기 조종사로 참전한 사례가 있다. 한국전쟁에서는 미군 장성의 아들이 142명이나 참전해 35명이 목숨을 잃거나 부상을 입었다. 중국 지도자 마오쩌둥은 한국전쟁에 참전한 아들이 전사하자 아들의 시신을 수습하지 말라고 지시했다는 일화도 있다.

경주 교동에 있는 최부잣집은 한국의 노블레스 오블리주의 대표적인

두 번째 스물, 그대는 더없이 소중하다

가문으로 꼽힌다. '과거를 보되 진사 이상은 하지 말라', '재산은 만 석 이상 모으지 말라', '만 석이 넘으면 사회에 환원하라', '과객(過客)을 후하게 대접하라', '사방 100리 안에 굶어 죽는 사람이 없게 하라', '흉년기에는 남의 논밭을 매입하지 말라', '최씨 가문 며느리들은 시집온 후 3년 동안 무명옷을 입어라' 등. 최부잣집의 철학은 400년 넘게 이어져 왔다.

최부잣집의 며느리들은 시집온 후 3년 동안 무명옷을 입었는데, 이는 집안 살림을 담당하는 여자들에게 절약정신이 몸에 배도록 하기 위해서였다. 보릿고개 때에는 집안 식구들도 쌀밥을 먹지 못하게 했고, 은수저 사용을 금하고 백동 숟가락의 태극무늬 부분에만 은을 박아 썼다고 한다.

우당 이회영 선생은 백사 이항복의 10대 손으로 명문세가의 후손이었지만, 전 재산 40만 원(현재 가치로 약 6백억 원)을 조국의 독립운동을 위해 바쳤다. 정작 그의 가족들은 중국 땅에서 비참하게 객사하거나 행방불명되었다고 한다. 일본이 조선의 양반들과 타협하기 위해 제안한 거금도 거절했다. 이회영 선생은 쉽고 편하게 누릴 수 있는 길을 마다하고 대의를 위해 행동했던 독립운동가였다.

거창하게 노블레스 오블리주가 아니더라도 우리는 돈에 대한 생각을 달리 해야 한다. 그대가 버는 돈이나 재물을 소유냐 존재냐 하는 명제에 대입해볼 필요가 있다. 우리가 소유한 것처럼 보이지만 결국은 모든 것은 그 자체로 존재하는 것이지 결코 소유할 수 없다는 걸 알아야 편해진다. 특히 돈을 많이 벌면 벌수록 욕심이 더 생기는 사람들은 그 때문에 스스로 불행해지는 경우가 많다는 걸 깨달아야 한다. 자신뿐만 아니라 자식들에게도 돈과 재물에 대한 잘못된 인식을 물려주게 된다. 이는 불행의 씨앗이다.

소유냐 존재냐 하는 문제를 마흔 살이 된 그대는 깊이 생각해볼 필요가 있다. 돈은 수단이지 결코 목적이 아니기 때문이다. 돈을 목적으로만 생각한다면 삶은 피곤해지고 정신은 황폐해진다.

돈뿐만 아니라 이성에 대한 생각도 마찬가지다. 남자에게 여자는 결코 소유물이 아니다. 가장에게 가족도 소유가 아니다. 세상 모든 것은 존재 그 자체다. 돈과 여자에 대해 소유욕을 버려야 한다는 것은 최초로 중국어로 번역된 불경인 《사십이장경(四十二章經)》에 잘 나타나 있다. 《사십이장경》은 불경의 요지를 42장에 표현한 것으로 특히 돈과 여색에 대한 경계를 서술하고 있다. 그중 나는 이 문장을 자주 떠올리곤 한다.

사람이 재물과 여색에 대한 욕심을 버리지 않는 것은

마치 칼날에 묻은 꿀을 핥으려는 것과 같으니,

자칫하면 혀를 베는 재앙을 입는다.

_《사십이장경》

침묵의 오류

때로는 완벽에 대한 갈망이

비평으로 오해받을 때가 있어.

_드라마 〈허슬〉의 대사 중에서

침묵에 대해 많은 현인들이 그 가치를 존중했다. 침묵은 웅변보다 낫다고 하면서. 침묵은 배신하지 않는다는 논리로, 침묵을 지켜서 자신을 안전하게 하라고 충고하는 이도 많다. 《사랑의 기술》, 《소유냐 존재냐》 등의 작품으로 친숙한 에리히 프롬은 '진리보다 침묵이 더 위대하다'고까지 했다. 구약성서 〈잠언〉에 보면 '입에 재갈을 물리면 목숨을 지키지만 입을 함부로 놀리면 목숨을 잃는다'는 무서운 말도 있다. 뭐 틀린 말들은 아니다.

침묵도 표현이다. 가장 재치 있는 대답일 수 있다. 또한 침묵은 자백의 표시며 승낙의 표현이기도 하다. 남자가 사랑하는 여자에게 뭔가를 물었을 때 여자의 침묵은 대개 긍정이며 받아들이겠다는 표현이다(물론 표현하지 않는 부정과 거부 의사도 있다). 요즘 유행하는 말로 그린라이트(관심 있다, 호감 있다의 의미로 쓰임)인 것이다. '아니, 이 여자는 왜 대답을 안 하나……' 이렇게 생각하며 여자의 마음을 읽지 못하는 남자는 주어진 기회를 놓치는 우를 범한다.

가장 위대한 과학자 중 한 명인 아인슈타인은 인생의 성공법칙을 다음과 같이 표현했다.

인생에 있어서 성공을 A라고 한다면

그 법칙을 A＝X＋Y＋Z로 나타낼 수 있다.

X는 일, Y는 노는 것이다.

그러면 Z는 무엇인가?

그것은 침묵을 지키는 것이다.

여기에서 침묵의 진정한 의미는 무엇일까? 그냥 입을 다물라는 것일까? 우리의 입은 잘못 열면 거짓말을 만들기도 하고 과장을 통해 커뮤니케이션에 오해를 불러일으키기도 한다. 요즘은 페이스북이나 트위터를 통해 자신의 의견을 얼마든지 표현할 수 있게 되었다. 이처럼 자신의 주장이나 의견을 누구에게나 폭넓게 말할 수 있는 시대가 되면서 오히려 진지하지 못하고 가벼운 말을 양산하는 경향이 심해지고 있다. 그 수다스러움에 진실된 의견이나 주장은 얼마나 될까? IT산업이 주는 혜택을 수다스러움으로 이용하고 있는 것은 아닐까? 하루에 얼마나 많은 시간을 자기애와 수다스러움에 할애하고 있는지 살펴볼 일이다. 게다가 근거 없는 편견으로 표현된 말은 또 얼마나 될까? 아인슈타인이 말한 침묵은 편견이나 거짓을 하지 말라는 이야기이지 진실에 입을 다물라는 뜻은 아닐 것이다.

영화나 문학에서도 제목에 침묵이란 단어를 넣은 작품이 많다. 그만큼 사람들이 거짓과 과장, 허위를 많이 표현했기 때문이리라. 침묵보다 더 진

두 번째 스물, 그대는 더없이 소중하다

실된 언어를 표현하기 어렵다는 반증이기도 하다. 조디 포스터와 안소니 홉킨스가 열연한 영화 〈양들의 침묵〉은 당시 최고의 영화로 인정받았다. 그러나 여기에서의 침묵은 우리가 생각하는 그 침묵이 아니다.

민족대표 33인 중 불교계를 대표하여 3.1독립선언을 이끈 만해 한용운은 '님의 침묵'이라는 시를 남겼다. 그 마지막 부분은 다음과 같다.

아아, 님은 갔지마는 나는 님을 보내지 아니하였습니다.
제 곡조를 못 이기는 사랑의 노래는 님의 침묵을 휩싸고 돕니다.

님은 왜 침묵을 하는 것일까? 나라를 빼앗긴 처연한 심정으로 님의 침묵을 노래한 만해의 마음은 어떤 것이었을

까? 님은 갔지만 님을 보내지 않았고 사
랑의 노래는 님의 침묵을 휩싸고 도는
시대. 님의 침묵은 그 어떤 웅변보다 더
큰 메시지를 던지고 있다.

　침묵은 더 큰 표현을 담고 있을 때
비로소 가치가 있다. 정말 할 말이 없어
서 하는 침묵에는 가치를 부여하기 어렵
다. 할 말이 있고 주장해야 할 때 침묵하
는 것은 비겁한 행동일 수 있다. 메르난
데스의 '입을 다물든가 아니면 말이 침
묵보다 월등하게 하라'라는 말의 의미를
잘 새겨보아야 한다. 침묵보다 월등하게
말을 잘하는 능력을 기를 필요가 있다.
누군가는 침묵을 계속하는 것은 인간
의 존엄성을 해치는 일이라고 말하기도
했다.

　하이데거는 말의 존재 양식의 하나
로써의 침묵도 남에게 자신의 의견을 명
확하게 표현하는 것이라고 했다. 철학은

침묵과 언어의 상호전환이라고 주장하는 철학자도 많다. 그럴 때 침묵은 가치를 가지게 된다.

우리는 언어라는 수단을 가지고 있다. 말과 글이라는 약속된 기호를 통해 의사를 주고받는다. 언어야말로 인간을 다른 동물과 구별하는 특징 중의 하나다. 그 어떤 고등한 동물도 인간과 같은 언어를 가지고 있지 않다. 여러 동물 실험으로 인간만이 언어습득의 선천적인 능력을 가지고 있음이 증명되었다.

세상을 살면서 침묵보다 위대한 언어를 구사해야 할 때가 반드시 있다. 귀찮거나 불리할까봐 때로는 겁이 나서 침묵을 선택해서는 안 된다. 마흔 살의 그대라면 더욱 그렇다. 침묵 대신 언어로 표현하기로 했다면 소쉬르의 언어기호학 정도는 조금 알아둘 필요가 있다. 왜냐하면 인간은 문자를 포함한 상징이나 아이콘 등으로 자기의 생각을 표현하고, 다른 사람의 생각을 간파하며 이를 통해 의사소통을 하기 때문이다.

소쉬르의 언어기호는 사실 간단하다. 기호는 기표(記表: signifiant)와 기의(記意: signifi) 그리고 기호 자체로 구성되어 있다는 것만 알면 된다. 내가 사랑하는 사람에게 반지를 선물한다면 그 반지는 기표가 된다. 반지를 받고 사랑을 깨닫는다면 그것이 기의다. 반지를 받은 사람이 그것을 깨닫는다면 그것을 의미작용이라고 한다. 그러나 주는 사람의 의중이 받는 사람에게 다르게 의미작용이 일어나면 그것은 실패한 커뮤니케이션이 된다. 또한 다의적 기호를 보내는 것도 조심해야 한다. 기호는 명확하고 바늘처럼 날카로워야 한다. 안 그래도 복잡한 세상, 수많은 정보가 넘쳐흐르는 시대에 뾰족하지 않은 메시지는 상대방의 오해를 불러일으킬 수 있다.

어떤 일을 하더라도 침묵을 쉽게 선택하지 말아야 한다. 내가 입을 다물고 있어도 누가 알아주겠지 하는 생각은 당장 쓰레기통에 버려라. 침묵보다 분명히 가치가 있고 결과가 더 좋다면 언어로서 나의 의견과 아이디어를 명확하게 전달해야 한다. 특히 아이디어는 말과 글로 표현되지 않으면 아무 소용이 없다. 아이디어는 언어 지향의 성격을 갖고 있다. 머릿속에만 있는 아이디어는 아이디어가 아니다. 우리는 곧잘 생각만 하고 이를 표현하지 않는 경우가 많은데, 이는 침묵의 심각한 오류다.

침묵의 오류를 벗어나기 위해서는 언어기호에 능숙해야 한다. 말하기와 글쓰기 능력을 가져야 한다. 특히 요즘 같은 시대에는 한 줄로 승부하는 말과 글의 능력을 갖추어야 한다. 내가 《한 줄로 승부하라》나 《1초에 가슴을 울려라》 같은 책을 쓴 이유도 이 때문이다. 세상에는 참으로 좋은 말과 글이 있다. 침묵을 배우기 전에 그걸 먼저 배우는 것이 현명하다고 생각한다.

두 번째 스물, 그대는 더없이 소중하다

분노는
에너지 불쏘시개

치명적인 일반적 어리석음을 증오하며

거짓 천진함을 훼손하기 위해

아름다운 허울을 범하기 위해

정갈함이 자신의 더러움을 목도하기 위하여

_ 군나르 에켈뢰프의 시 중에서

◎ ◎

　앞서 나는 침묵의 오류에 대해 이야기했다. 세상이 귀찮아서, 남에게 간섭하는 것이 거추장스러워서 말을 포기하는 것은 비겁한 일이다. 사람은 나이가 들수록 말이 없어진다. 지혜로움의 결과일 수도 있지만 세상일과 남의 일에 발을 담그지 않으려는 나태와 이기심 때문인 경우도 많다. 분노도 마찬가지다. 분노해야 할 때에 침묵하거나 외면하는 경우를 우리는 많이 경험하게 된다.

　인간의 분노는 태어나서 3개월이 되었을 무렵부터 시작해서 돌이 지날 때까지 계속된다고 한다. 이때는 단순히 울거나 몸을 움직이는 행위로만 분노를 표출하기 때문에 우리는 아기들의 자연스런 의사 표현이라고 받아들인다. 하지만 성인이 되면 아무 때나 누구에게나 분노를 표출해서는 안 된다는 인식을 갖게 된다. 이로 인해 스스로 분노를 조절하는 법을 배운다. 흔히 화를 내는 행위는 육체 건강에도 정신 건강에도 좋지 않다고 한다. 그렇다고 무조건 분노를 억누르는 게 맞는 것일까? 분노해야 할 때 그것을 억누르기만 한다면 오히려 더 해로운 것이 아닐까?

　분노는 언제 일어나는가? 우선 건강이 나빠질 때 분노가 생긴다고 한다. 그동안 아무 문제 없던 몸이 늙고 병들었다고 느낄 때 분노가 솟구친다.

두 번째 스물, 그대는 더없이 소중하다

또한 일과 노동으로 인해 피로하거나 먹어야 할 음식을 먹지 못해 공복상태가 될 때도 분노가 생긴다. 충분한 수면을 취하지 못하거나 긴장이 오래 지속될 때도 분노는 슬금슬금 올라온다. 그리고 부당한 이유로 손해를 보거나 사회적 불의를 봤을 때 분노의 정서가 작용한다.

분노는 다른 말로 하면 '화'다. 일찍이 많은 현인들이 화에 대해 설파했다. 결론은 화를 잘 다스리라는 메시지다. 베트남 출신으로 국경을 초월한 영적 지도자로 추앙받고 있는 틱낫한 스님은 우리에게 '화'라는 화두를 던지고 소중한 가르침을 주었다. 스승이라는 의미의 태이(Thay)라고도 불리는 틱낫한 스님이 쓴 책《화》에는 '화가 풀리면 인생도 풀린다'라는 부제가 붙어 있다. 이 말에 의구심을 가진 사람은 별로 없을 것이다. 마음을 다스려야 하는 많은 사람들에게 감명을 주었고, 우리나라에서만 100만 부가 넘게 팔렸다.

마음속에 화를 품고 사는 것은 독을 품고 사는 것과 같다. 다른 사람과의 관계가 고통스러워지고 다양한 기회의 문을 닫아버리는 이유가 된다. 화를 잘 다스리면 사람과의 관계가 좋아지고 참 행복을 찾을 수 있다고 한다. 그렇다. 분노는 다스려야지 무조건 참는 것이 대수가 아니다. 분노를 다스리는 차원을 넘어 창조적으로 승화할 수 있다면 얼마나 좋을까!

예전에 아내가 내 노트북의 전선을 잘못 건드리는 바람에 노트북에 문제가 생겨 며칠 동안 써놓은 원고가 모두 날아간 적이 있다. 실제로는 아내가 건드렸다는 이유만으로 원고 파일이 날아간 건 아니었다. 한글 프로그램은 자동 저장 기능이 있기 때문에 그렇게 쉽게 파일이 사라지지는 않기 때문이다. 분명 다른 이유가 있었다. 그런데 나의 분노는 아내를 향했다. 분노를 일으킬 때는 반드시 대상이 있어야 하기 때문이다. 아내가 분노의 대상이 아니었다면 노트북이 박살났을 수도 있었다. 컴퓨터를 잘 모르는 아내는 자기 탓으로 생각하고 쩔쩔맸다. 지금 생각해보니 고맙기도 하고 미안하기도 하다. 날아간 원고를 어쩌랴. 이제는 세상에 존재하지 않는 원고. 나는 마음을 고쳐먹고 다시 원고를 쓰기 시작했다. 그런데 다 쓰고 보니 전보다 훨씬 더 좋은 원고를 완성했다. 혼자서 빙그레 웃었다. 원고를 쓰고 나서 좀처럼 퇴고를 하지 않는 나의 습관이 타의에 의해 바뀐 것이다. 분노의 창조적 승화였다. 지금도 가끔 써놓은 원고가 맘에 들지 않을 때는 통째로 없애버린다. 고쳐 쓰느니 아예 새로 쓰는 편이 나을 때가 많다.

살다 보면 이런저런 사람을 만나게 되고 여러 가지 이유로 인해 하루에도 몇 번씩 화가 치밀어 오르거나 분노에 몸을 떨기도 한다. 그 순간을 참지 못하고 폭발하고 나면 곧 후회를 하기도 한다. 심리학자나 정신과의사들 중에는 굳이 화를 참을 필요가 없다고 주장하는 사람도 있다. 화를 내는 것 자체는 결코 나쁜 것이 아니며 분노는 우리가 가진 자연스러운 감정의 하나라는 것이다. 화를 참거나 분노를 멀리 하는 것이 아닌, 창조적으로 승화시키는 방법을 찾아볼 필요가 있다.

분노에는 엄청난 에너지가 잠재되어 있다. 분노라는 감정을 잘못 터뜨리면 자신마저 파괴할 정도로 큰 힘을 가지게 된다. 분노도 에너지이기 때문이다. 그러나 이를 잘 터뜨리면 생산적인 에너지로 바꿀 수 있다.

《시학》을 쓴 아리스토텔레스는 사람들이 비극을 볼 때 극의 흐름이나 주인공의 운명을 보고 분노 같은 감정이 카타르시스 된다고 했다. 카타르시스는 몸 안의 불순물을 없앤다는 뜻이고, 배설의 의미를 가지고 있다. 잘못된 현상에 대해 분노하고 이를 잘 배설하면 분노를 억지로 누르는 것보다 정신 건강이나 육체 건강에 좋다.

아리스토텔레스의 카타르시스 이론은 정신과의사인 프로이트에 의해 발전되었다. 프로이트는 억압된 분노는 폭발하여 공격적으로 변하는데 분노의 감정을 적절하게 표출하지 못하면 우울증 같은 병이 생기기도 한다고 했다. 그래서 우울증 환자가 과거의 분노를 터뜨리면 우울증 치료에 도움이 된다고 했다.

동양에서는 분노를 자제하고 참는 것에 익숙한 편이지만, 서양에서는

분노를 표출하는 것을 자연스러운 행동으로 보는 경향이 있다. 미국에서는 분노를 표출하여 감정을 해소하는 것이 좋다는 인식이 널리 퍼져 있기도 하다. 정당하지 않거나 공정하지 않은 일을 겪게 되는 경우 큰 소리로 항의하거나 법적으로 해결하려는 의식이 강하다.

동양의학, 특히 우리나라에서는 분노가 화병이 된다고 했다. 사도세자의 부인이었던 혜경궁 홍씨는《한중록》에서 사도세자의 화병을 이야기하고 있다. 아버지인 영조의 사랑을 받지 못한 것이 그 이유라고 한다. 사도세자의 불안한 심리와 행동은 바로 화병 때문이었다고 하니 화병이 역사를 바꾸기도 한다.

두 번째 스물, 그대는 더없이 소중하다

살다 보면 욕구가 좌절되거나 부당한 일을 강요당하는 경우가 많다. 사회적 규범을 무시하여 공분을 사는 일도 목격하게 된다. 이때 분노를 어떻게 처리하느냐에 따라 분노가 이익을 가져오기도, 손해를 보게 하기도 한다. 분노를 인위적으로 만들기는 어렵다고 한다. 대개의 분노는 개인과 개인의 관계에서 생기는 경우가 많다. 특히 공정하지 못한 상황이나 부당한 대우를 받을 때 분노가 생기곤 한다.

비즈니스 관계에서 화가 날 때는 그 이유를 찾아 이를 창의적으로 변화시키면 분노가 긍정적 에너지로 바뀐다. 간혹 길에서 화가 나는 경우가 있다. 우리나라 사람들은 특히 운전하면서 겪게 되는 분노가 많다. 걸어갈 때는 약간 부딪혀도 그냥 지나치지만 운전대를 잡고 있을 땐 그 태도가 달라진다. 자동차라는 자기만의 공간 그리고 익명성이 분노를 위험한 행동으로까지 확장시키는 듯하다. 평소에는 얌전하고 욕도 잘 안 하는 사람이 운전대를 잡으면 돌변한다. 상대방에게 복수하기 위해 위험한 운전을 시도하기도 한다. 이런 분노는 비겁한 짓이다. 이런 분노로 인해 자신과 타인을 동시에 위험에 빠뜨릴 수도 있기 때문이다.

반항아 이미지를 가졌던 제임스 딘이 열연한 〈에덴의 동쪽〉은 존 스타인벡의 원작소설을 토대로 만들어졌다. 존 스타인벡의 대표작으로는 《분노의 포도》가 있다. 《분노의 포도》는 대공황기에 조드 일가가 겪는 비참한 삶을 묘사하고 있다. 그들에게 캘리포니아의 탐스러운 포도는 더 이상 아름다운 자연이 아니라 분노의 포도라는 내용이다. 이 소설을 보면 내가 겪는 분노의 삶을 카타르시스 해주는 힘이 있다.

분노는 굳이 참을 필요가 없다. 이를 잘 활용하면 삶을 바꾸는 에너지가 된다. 창의적이고 생산적이며 긍정적인 세계로 나아가게 하는 힘이 된다. 분노의 에너지를 저축하라. 그리고 이를 적절하게 활용해보라.

두 번째 스물, 그대는 더없이 소중하다

2

두 번째 스물,
그대는
충분히 현명하다

혼자병법(인간관계 편)

녹명(鹿鳴)의
벗이라면

사람들을 서로 믿게 만드는 유일한 방법은

서로에 대해 알아야 한다는 거죠.

_ 영화 〈You don't know Jack〉 중에서

＠＠

　　예전에 크라운제과에서 나오는 하임이라는 초콜릿 과자 광고를 만들 때였다. 다른 과자에 비해서는 가격이 좀 비싼 이 제품의 광고를 놓고 여러 광고회사가 경쟁을 하게 되었다. 이때 우리가 전개한 아이디어의 핵심은 '지기(知己)'라는 콘셉트였다. 크라운 하임을 정말 친한 친구끼리 나눠먹는 과자로 포지셔닝한 것이다. 당시 막 스타로 발돋움하는 명세빈을 주연으로 했는데 환자 역할을 하느라 머리를 빡빡 깎았다. 병 때문에 머리를 모두 깎고 입원해 있는 친구를 찾아온 친구, 모자를 벗으니 친구 역시 머리를 깎고 나타난 상황을 보여준 광고였다.

　　다른 이의 아픔을 달래기는 쉬워도 함께 나누기는 어렵다. 아픔을 같이 느낀다면 그건 정말 사랑하는 사이인 것이다. 아기가 아플 때 어머니가 그 아픔을 함께 느끼는 것이나 연인이나 부부 사이에 아픔을 공유하는 것이 사랑이다. 그런 사이에 크라운 하임을 넣어 정말 마음이 통하는 사이에 나눠 먹을 수 있는 좋은 과자로 표현했다. 이 광고는 당시 대단한 인기를 얻었다.

　　지인(知人)은 보통의 친구를 뜻한다. 모임에서 서로 명함을 주고받거나 누구 소개로 알게 되면 일단 지인이 된다. 지인은 아는 사람이라는 뜻이다.

두 번째 스물, 그대는 충분히 현명하다

서로 인사를 하고 지내는 사이다. 지기(知己)는 지인과는 다르다. 지기지우(知己之友)라고도 하는데 자신의 속마음까지 다 알아주는 진정한 친구를 말한다. 무엇을 주어도 아깝지 않고 어떤 일이 있어도 믿는 친구, 그것이 지기다. 평생지기가 두 명, 아니 한 명만 있어도 그건 성공한 인생이라고 할 수 있다.

지기와 같은 뜻이지만 지음(知音)이란 단어가 있다. 고사성어에서 비롯된 말인데 지기보다 표현이 더 멋스럽고 철학적이다. 지음의 유래는 중국 춘추시대 거문고의 명수 백아(伯牙)와 그의 친구 종자기(鍾子期)와의 고사에서 비롯되었다. 백아가 높은 산에 오르고 싶은 마음으로 거문고를 연주하면 종자기는 '하늘 높이 산이 있구나'하고 알아차리고, 백아가 강을 생각하면서 거문고를 타면 '유유히 흐르는 강이 눈앞에 나타나는구나'하고 백아의 거문고 소리의 뜻을 다 헤아리고 감탄을 했다. 그러다가 종자기가 먼저 죽자 백아는 거문고 줄을 끊어버리고 두 번 다시는 거문고를 타지 않았다고 한다. 종자기가 없으니 이 세상에서 아무도 자기 거문고 소리를 알아차리는 사람이 없다는 것이었다. 이를 두고 백아절현(伯牙絶絃)이라고 한다. 백아가 거문고 줄을 끊었다는 뜻이다. 이렇게 자기의 소리를 알아주는 진정한 친구라는 의미로 지음이 쓰인다.

고래는 인간과 같이 새끼를 낳고 젖을 먹이는 포유류다. 수면 위로 올라와 폐로 숨을 쉰다. 고래가 아파서 수면 위로 올라와 숨을 쉬기 어렵게

세 번째 스물이 두 번째 스물에게

되면 다른 동료 고래가 수면 위로 밀어 올려준다고 한다. 숨을 쉬고 낫기를 바라면서 말이다. 그대에게도 이런 친구가 있는가?

'녹명(鹿鳴)'은 《시경(詩經)》에서 나온 말로 사슴이 풀을 발견하면 울음소리를 내어 친구를 불러 같이 먹는다는 의미다. 나눔을 의미하기도 하고 인재가 모인다는 뜻으로도 쓰인다. 하기야 나눔을 실천하지 않으면 따르는 이가 없게 된다. 시경의 원문은 이러하다.

呦呦鹿鳴 食野之蒿
유유녹명 식야지호
我有嘉賓 德音孔昭
아유가빈 덕음공소
視民不恌 君子是則是傚
시민부조 군자시칙시효
我有旨酒 嘉賓式燕以敖
아유지주 가빈식연이오

메메 우는 사슴 들판에서 쑥을 뜯네
내게 온 귀한 손님 높은 덕 숨길 수 없네
백성 보기를 두려워하니 군자는 이를 본받아야 하리

두 번째 스물, 그대는 충분히 현명하다

내게 좋은 술 있으니 귀한 손님과 같이 즐기리라

플라톤도 그랬다. 'Friends have all things in common.' 친구는 모든 것을 나눈다고 했다. 아리스토텔레스는 친구를 제 2의 자신이라고 표현했다. 'A friend is a second self.' 이런 친구를 갖는다는 것은 정말 행복한 일이다.

마흔이 넘어 홀로 독립하여 일을 한다면 이런 친구가 있어야 한다. 결혼을 해서 사는 사람들도 마흔이 넘으면 부부 이상으로 서로를 알고 나눌 수 있는 친구가 필요하다. 부부보다 친구 사이가 더 좋을 수도 있다. 이런 친구가 있어야 비즈니스도 더 잘 되고 가정생활도 더 좋아진다.

친구와 술은 오래될수록 좋다고 한다. 오래된 친구를 숙집(宿執)이라고 하는데, 서로 마음이 맞지 않으면 오래갈 수가 없다. 그러니 오래된 친구가 당연히 좋은 친구가 된다. 흔히 말하는 죽마고우다. 나에게도 오래된 친구가 있다. 뭐든지 털어놓고 이야기할 수 있는 사이다. 수십 년 동안 우정을 이어 왔기 때문에 눈빛만 봐도 무엇을 원하는지 또 뭘 말하려고 하는지 알 수 있다. 그 친구도 나를 보면 마찬가지로 느낀다. 물론 친구라고 해서 남남 사이와 여여 사이만 있는 것은 아니다. 남녀 사이에 이런 친구가 있다면 얼마나 좋을까?

이런 친구가 없다면 그대의 마음을 열고 친구를 만들어라. '정말 저 친구라면 뭐든지 믿을 수 있어. 뭐든지 같이 나눌 수 있어.' 이렇게 생각하는 친구가 없다면 그대의 마흔 살은 실로 유감스러운 나이인 것이다. 연인은 믿으니까 사랑하는 것이 아니라 사랑하니까 믿는 것이고, 친구는 나누어서 우정이 생기는 것이 아니라 우정이 있어서 나누는 것이다.

혼자병법은 결코 혼자만 살라는 뜻이 아니다. 혼자서 잘살 수 있는 방법 중의 하나가 친구이며, 이것이 바로 병법이 된다. 친구와 더 가까이 지내기 위해서는 몇 가지 규칙을 정하면 좋다. 이를테면 다음과 같은 것은 어떤가?

* **일주일에 한 번 이상 만나라.** 전화나 메시지보다 얼굴을 보고 만나서 이야기를 나누어라. 친구 사이도 안 보면 멀어진다.
* **친구가 어려울 때 기꺼이 내 일처럼 도와줘라.** 마음이 내키지 않으면 그건 친구가 아니다. 필요할 때 친구가 진짜 친구라는 격언도 있지 않은가.
* **같은 취미를 가져라.** 사회활동을 하면서 같은 취미를 가져 친구가 되거나 연인이 되는 경우가 많다. 함께 여행을 하거나 스포츠를 즐겨라.
* **둘만의 시간을 가져라.** 둘만의 오붓한 시간은 연인의 전유물이 아니다. 친구 사이도 깊은 대화를 나눌 수 있는 시간이 필요하다.
* **둘만의 공간을 확보하라.** '거기서 만나자'고만 해도 알아들을 수 있는 장소를 공유하라.

세 번째 스물이 두 번째 스물에게

여자,
향원익청의
존재

그대가 할 수 있는 동안, 그대의 장미 봉우리를 모아라.

지나간 시간은 끊임없이 날아가고

오늘 미소 짓는 바로 이 꽃도

내일이면 죽으리니.

_로버트 헤릭의 시 '소녀들에게의 충고' 중에서

경복궁에는 향원정(香遠庭)이라는 정자가 있다. 경복궁 북쪽 후원 지역에 향원지라는 연못이 조성되어 있으며 연못 중앙에 섬을 만들어 육각지붕의 2층 정자를 세웠는데, 이것이 향원정이다. 이 섬의 남쪽으로는 취향교(醉香橋)라는 나무다리가 있다. 향기에 취하는 다리라니! 이름에 스토리가 있고 감성이 묻어 있다. 사실 우리나라의 많은 지명과 다리 이름에는 이런 스토리가 많다. 우리가 모르고 있거나 활용을 안 해서 그렇지.

향원정은 고종이 세웠다고 하는데 세조 때 지은 취로정을 다시 지은 것이 향원정이라는 설이 있다. 향원정과 취향교는 조형미가 탁월하고 풍경이 아름다워 예전부터 우리나라를 소개하는 사진이나 달력에 많이 등장했다.

향원정의 이름은 향원익청(香遠益淸)에서 나왔다. 즉 '향기는 멀수록 더욱 맑다'는 뜻이다. 송나라 철학자인 주돈이의 《애련설(愛蓮說)》에 나오는 문장이다. 이 말은 연꽃의 은은한 향기를 의미하는데 군자의 품격이 멀리 미치는 것에 비유했다고 한다.

予獨愛蓮之

여독애련지

出淤泥而不染 濯淸漣而不妖

출어니이불염 탁청연이불요

中通外直 不蔓不枝

중통외직 불만부지

香遠益淸 亭亭靜植

향원익청 정정정식

可遠觀而不可褻玩焉

가원관이불가설완언

나 홀로 연을 사랑하노니

연꽃은 진흙에서도 더러움에 물들지 않고

맑은 물에 씻겼으나 요염하지 않고

속은 비고 밖은 곧으며

덩굴은 뻗지 않고 가지도 치지 아니하며

향기는 멀리서 더욱 맑고

물 가운데 꼿꼿이 서 있어

멀리서 바라볼 수 있으나 함부로 매만질 수는 없구나

이 시를 연꽃이 아니라 여자로 생각하면서 다시 읽어보라. 절묘하게
맞아 떨어진다. 남자를 넣어서 읽어봐도 좋다. 그런 여자, 남자가 흔하지 않
아서 문제지만.

여자를 꽃으로 비유하다 보니 말을 알아듣는 꽃이라는 의미의 해어화(解語花)가 생각난다. 말을 알아듣는 꽃, 표현이야 멋지다. 그러나 이 표현은 자칫 여성비하의 의미로 느낄 수도 있다. 남존여비 시대에 불리던 호칭이니 말이다. 해어화는 양귀비 같은 미인을 뜻하거나 기생을 말하는데 당나라 현종이 그렇게 말했다고 전해진다. 사랑하는 여인 양귀비와 함께 연꽃을 감상하기 위해 태액지라는 곳에 간 현종의 눈에는 양귀비가 그 어느 꽃보다 아름다웠다. 함께 있던 궁녀와 신하를 돌아보면서 이렇게 말했다고 한다. '여기 있는 연꽃들이 나의 해어화보다 아름답지 않도다.' 여자는 아름다운 꽃이면 된다는 생각이 지배하던 시절의 남자들 표현이다. 물론 지금도 그런 사고방식을 가진 덜 떨어진 남자들이 부지기수지만.

페이스북은 물론이고 다른 SNS를 봐도 여자의 미모가 힘을 발휘한다. 나도 요즘 페이스북을 즐겨 하는 편인데 웃기는 현상이 있다. 예쁜 여자가 글을 올리면 남자들이 우루루 몰려들어 입에 발린 칭찬 일색의 댓글을 단다. 새로운 글이 올라오자마자 기다렸다는 듯이 바로 댓글들이 연이어 달린다. '말 그대로 페이스북이라서 얼굴이 중요한가?'라는 생각도 든다. 그런 여자들의 글을 보면 사실 별 것도 아니다. 일상의 자잘한 이야기나 투정 같은 글을 올린다. 그걸 보고 남자들이 벌떼처럼 모여든다. 자기 얼굴 사진 올리는 취미를 가진 여자들도 많다. 남자도 있다! 그 얼굴이 그 얼굴인데 예쁜 사진(예쁘게 보이도록 연출해서 찍은 사진이나 포토샵 처리로 속인 얼굴)

이라도 올리면 별의별 미사여구를 다 동원해서 미모를 칭찬한다. 그래서 페이스북이 싫다는 사람들도 많다. 자기 얼굴 올리기에 열중하는 사람들이나 입에 발린 칭찬만 남발하는 사람이 많은 것도 문제다. 나는 자기 얼굴만 열심히 올리는 몇 사람을 페이스북 친구에서 내보낸 적이 있다. '그 얼굴 자꾸 보니 역겹습니다. 이제 얼굴 사진 그만 올리시죠'라고 댓글을 달 수도 없는 노릇 아닌가. 소통은 즐거워야 하는데 말이다.

그대가 남자라면, 그래서 여자를 잘 아는 40대라면 여자를 보는 시각과 태도를 달리해야 한다. 그대가 여자라면 남자를 대하는 방법을 달리해야 한다. 여자들은 덜 그런데 남자들이 특히 여자 때문에 일을 그르치거나 시간을 헛되이 보내는 경우가 많다. 돈을 지나치게 쓰기도 하고 인생에 오점을 남기기도 한다. 유명인이 여자 문제로 한순간에 명예와 지위를 잃게 되는 뉴스를 우리는 많이 접한다. 능력이 뛰어난 사람이 여자 문제로 더 이상 활동하기 어렵게 된다면 국가적 손해가 아닐까? 영국 극작가 윌리엄 콩그리브의 말을 새겨둘 일이다.

'배신당한 사랑보다 격렬한 것은 하늘에도 없으며 한을 품은 여자보다 맹렬한 것은 지옥에도 없다.'

여자는 남자에게 있어 즐거운 화근이라고 했던가. 남자는 적어도 40대가 되는 순간부터 여자로 인해 시간과 돈과 정력을 낭비하지 말아야 한다. 그러기 위해서는 여자를 절대 꽃으로만 생각해서는 안 된다. 하나의 인격체로 존중해야 한다. 한 명의 인간으로서 가진 능력을 먼저 봐야 한다.

예쁜 여자를 쫓아다니다 보면 정작 해야 할 일을 못하는 경우가 많다. 혼자 사는 남자라면 더 그렇다. 물론 유부남 중에도 많지만. 내가 아는 어느 후배는 똑똑하고 성실한 친구였다. 그런데 그는 한 여자에게 오래 머물지 않는 습성이 있었다. 만날 때마다 여자가 바뀐다. 한번은 진지하게 물었다. 너 왜 그러느냐고. 그랬더니 그 후배는 여자를 조금만 알고 나면 금방 싫증이 난다고 했다. 그는 여자를 단순히 성적 대상이나 꽃으로만 생각하고 있었다. 외모를 비롯해서 여자가 가진 가시적인 면을 알고 나면, 또는 잠자리를 몇 번 하고 나면 금방 마음이 떠난다고 했다. 그래서 또 다른 여자를 찾게 되고……. 그러는 사이에 회사에 적응도 잘 못하고 모아놓은 돈도 없는 상황이 되었다. 그의 인생은 갈수록 서글퍼질 것 같다.

남자와 여자가 친구가 되기 어렵다고 하지만 나는 가능하다고 본다. 여자를 꽃으로만 생각하지 않으면 얼마든지 가능하다. 섬세한 감각을 지닌 여자를 얼마든지 비즈니스 파트너로 삼을 수 있다. 사랑하는 여자와 일을 같이 하는 것도 가능하다. 함께 일하고 노는 것도 함께 한다면 얼마나 좋은가. 물론 현실적으로 쉬운 일은 아니다. 함께 있다보면 때때로 서로의 이성적인 매력에 끌릴 수 있기 때문이다. 그럼에도 감정을 자제하고 서로 조절을 잘하면 문제가 없다. '에이, 불가능한 이야기를 하네' 하고 힐난하는 사람도 있을 것이다. 그건 그대의 문제니 나를 탓하지 말라.

향원익청을 생각하라. 여자의 향기에 취해 너무 가까이 붙어 있으면 판단력이 흐려질 수 있다. 약간의 거리가 필요하다. 멀어질수록 향기가 맑지 않다면 그건 좋은 사이가 아니다. 그런 관계는 절대 도움이 되지 않는다. 향기가 오히려 독이 될 수도 있다. 프랑스 향수 브랜드인 크리스천 디오르의 쁘아종은 말 그대로 독이란 의미다. 향기로 남자를 죽인다(?)는 뜻이다.

이 글을 읽는 그대가 여자여도 마찬가지다. 여자 또한 남자에게 목을 매고 있다면 결과가 좋을 수 없다. 잘 되는 경우도 있겠지만 대개는 남자로 인해 여러 가지 문제가 생기는 경우를 많이 봤다. 마흔 살부터의 이성 관계는 향원익청처럼 하라. 그래야 불혹의 가치가 큰 힘이 된다.

세 번째 스물이 두 번째 스물에게

상수를
만난다는 것

자유의 여신상은 홀로 서 있다.

그리고 뭔가를 이야기하고 있다.

_헬 스테빈스

🌀

훌륭한 스승에게는 탁월한 제자가 있기 마련이다. 따를 수 있는 스승이 있다는 것, 또 가르침을 줄 제자가 있다는 것은 인생에서 커다란 행복이다.

《보바리 부인》으로 당대 최고의 명성을 가진 플로베르는 말년에 제자를 하나 두었다. 어느 날 제자에게 물었다.

"자네 우리 집 계단이 몇 개인지 아는가?
모르겠는데요.
그래서 자네가 소설가가 되겠나? 세어 보고 오게.
서른여섯 개입니다.
그중 일곱 번째 계단에서 뭘 발견했나?"

제자는 일곱 번째 계단에서 못이 빠진 것을 발견했고 그 이후에도 수없이 계단을 오르락내리락 했다. 그는 몇 달이 지나도록 이렇다 할 가르침을 주지 않는 스승이 야속했다. 그러나 플로베르는 이렇게 말했다.

"사소한 것이라도 제대로 보는 눈을 가져야 하네. 그게 작가의 기본이야."

세 번째 스물이 두 번째 스물에게

스승에게서 깨달음을 얻은 청년은 1880년에 드디어 《비곗덩어리》라는 첫 소설을 발표했다. 그가 바로 《여자의 일생》으로 유명한 모파상이다. 그해에 스승인 플로베르는 세상을 떠났는데, 그가 죽기 전에 누린 마지막 문학적 즐거움은 제자의 《비곗덩어리》를 읽는 것이었다고 한다.

　　추사체라는 독특한 필체를 완성한 대가 김정희는 이상적이라는 제자를 두었다. 역관이었던 이상적은 추사가 제주도로 유배를 떠났을 때 중국의 책을 구해서 스승에게 전했다. 추사는 이에 대한 보답으로 세한도를 그려 선물로 주었다. 이상적은 이 그림을 들고 청나라로 가 문인 열여섯 명에게서 스승의 그림에 대한 평가를 받아오기도 했다.

　　홍길동전을 쓴 허균에게는 이달이라는 스승이 있었다. 이달은 시의 대가였지만 천민 출신이어서 잘 알려지지 않았다. 허균은 《손곡산인전》이라는 책을 집필하여 스승을 세상에 알렸다.

　　화담 서경덕의 제자 중 한 명은 기생 황진이였다. 서경덕은 허균의 아버지 허엽의 스승이기도 했다. 타고난 미모와 재능으로 30년 면벽을 한 지족선사도 파계시킨 황진이는 서경덕 선생만은 유혹하지 못했다. 서경덕의 인품 때문이었다. 황진이는 평생 서경덕을 사랑하고 존경하면서 거문고와 술을 싸들고 함께 어울려 시를 노래했다. 인간의 평등을 주장한 서경덕에게 황진이는 경서를 배웠다. 스승 서경덕이 죽자 황진이는 거지꼴을 하고 금강산과 태백산, 지리산을 두루두루 돌아보면서 스승의 체취를 맡았다고 하니 참으로 애절한 사제지간이다. 후대 사람들은 서경덕과 사시사철 멈추지 않는 박연폭포, 그리고 황진이를 가리켜 송도삼절이라고 표현했다.

성인들에게는 늘 제자가 많았다. 석가에게는 석가십성(釋迦十聖)이라고 불리는 제자가 열 명 있었는데 그중 마하가섭과 아난타가 수제자였다. 예수의 열두 제자 중에는 베드로가 있었다. 공자를 따른 열 명의 제자는 공문십철(孔門十哲)이라고 부르는데, 가장 많이 알려진 제자로 안회와 자공이 있다. 이들 제자들은 스승의 죽음 이후 기록을 남겼는데, 이것이 바로 경이고 철학서다.

조선왕조의 정궁인 경복궁에서 가장 중요한 곳은 근정전이다. 이곳에서 새 임금의 즉위식이 열렸고 과거시험이 치러졌으며, 문무백관의 아침 인사는 물론 외국 사절을 접견하기도 했다. 그런데 이 건물의 이름을 근정전이라고 지은 연유는 뭘까? 근정(勤政), 즉 부지런하게 정치를 하라고 한 것은 왜일까? 태조 이성계는 경복궁에 있는 건물에 이름을 지으라고 정도전에게 명했다. 정도전은 근정전이라는 이름을 짓고 이를 다음과 같이 설명했다.

"천하의 일이 부지런하면 다스려지고 부지런하지 못하면 폐하게 됨은 필연의 이치입니다"라고 하면서 《서경(書經)》에 나오는 문장을 인용하고, 중국 순임금과 우임금의 예를 들어 군주의 부지런함이 중요하다고 강조했다. 그리고 군주는 부지런해야 함은 물론 부지런함의 분별력을 갖추어야 한다고 했다. 정도전은 일할 때는 일하고 쉴 때는 쉬어야 한다고 하면서, 쉴 때 쉬는 것도 부지런함이라고 한 것이다. 정도전이 없었다면 태조 이성계는 어떤 정치를 했을까?

꼭 훌륭하다고 인정받은 사람만이 고수나 스승이 될 수 있을까? 그렇지 않다. 스승과 고수는 세상 어디에도 있다. 몇 년 전에 미얀마를 여행할 때였다. 시장 입구에서 한 남자를 만났다. 그는 거리의 철학자였다. 사람들에게 조언을 해주고 약간의 사례를 받고 있었다. 눈빛만 봐도 세상을 보는 지혜의 깊이가 느껴졌다. 미얀마 어를 모르니 알아들을 수는 없었다. 그저 옆에서 바라보기만 했다. 그의 눈빛만으로도 충분했다.

공자가 아홉 구비로 구멍이 난 구슬에 실을 꿰려고 했다. 이게 쉬울 리가 있나. 결국 뽕잎을 따는 아낙에게서 지혜를 얻어 구슬 구멍에 꿀을 바르고 개미허리에 실을 묶어 구슬 구멍을 통과하도록 했다. 이를 공자천주(孔子穿珠)라고 한다. 공자는 또한 세 사람이 가면 반드시 스승이 있다는 말도 했다(三人行必有我師, 삼인행필유아사).

살다 보면 뜻밖의 고수를 만나게 된다. 중국 송나라 최고의 시인이며, 문장에서도 당송팔대가(唐宋八大家)의 한 사람으로 불리는 소동파는 '인생도처유청산(人生到處有靑山)'라는 말을 남겼다. 이를 응용하여 문화재청장을 지낸 유홍준 교수는 《나의 문화유산 답사기》에서 '인생도처유상수(人生到處有上手)'라고 했다. 인생 곳곳에는 내가 배울 수 있는 고수가 있다는 말이다.

세상의 고수를 만나기 위해서는 여행이 반드시 필요하다. 나는 한때 남방불교를 탐구하고자 동남아를 두루 여행한 적이 있다. 그 뜨거운 나라들을 돌아다니면서 많은 사찰에 들렀고 다양한 불상을 만났다. 그러다 어느 날 충격적인 일을 경험했다. 캄보디아의 옛 사원을 보고 나오는 길이었는데 너무 더워서 가게에서 시원한 물을 사 마시려 했다. 그런데 길거리에서 꼬마 한 명이 생수병을 내밀었다. 꼬마가 사라고 내민 병은 꾀죄죄하고 미지근했다. 게다가 가게에서 파는 가격보다 훨씬 비싸기까지 했다. 나는 시원한 물이 필요했기에 꼬마에게 미안하다고 하고 가게로 가서 얼음처럼 차가운 생수를 사 마셨다.

시원하게 물을 마시고 있는 나에게 꼬마는 이렇게 말했다.
"You are not Budda!"

넌 부처가 아니야! 너도 별 수 없는 인간이라는 뜻이었다. 나는 충격을 받았다. 좀 더 시원한 물을 마시려고 뜨거운 햇빛 아래에서 물을 파는 꼬마의 청을 거절한 내가 무슨 불교와 불교의 진리를 찾아보려고 여행을 하는 것인지. 내 여행의 목적은 무엇이고 무엇을 얻겠다는 것인지 아득했다. 그 많은 사원과 불상에서 얻지 못한 진리를 길거리에서 생수를 파는 꼬마의 말 한 마디에서 얻은 것이다. 그 꼬마는 나보다 상수였다. 인생도처유상수라더니 상수를 이렇게도 만나게 되는구나! 나는 바로 여행을 접고 돌아오고 말았다.

그대가 무슨 일을 하든지 훌륭한 스승을 만나고 여행을 통해 세상의 상수를 만나길 바란다. 인생을 더욱 가치 있게 해줄 것이다. 혼자병법은 내가 혼자 만드는 것이 아니라 세상의 상수를 통해 완성해가는 것이다.

약속이라는
이름의 굴레

장미를 다른 이름으로 부른다한들

그 달콤한 향기는 그대로인 걸

_《로미오와 줄리엣》 중에서

◎◎

You are yourself, though not a Montague.

What's in a name?

That which we call a rose by any other word would smell as sweet.

So Romeo would retain that dear perfection which he owes without that

title.

Take all myself.

I take you at your word call me but love.

몬태규가 아니더라도 당신은 당신일 뿐인걸요.

이름이 대체 무어란 말인가?

장미를 다른 이름으로 부른다 한들 그 달콤한 향기는 그대로인걸.

그러니 설령 그 이름이 없다 하더라도 로미오의 사랑스런 완벽함 역시

그대로일 거야.

내 모든 것을 가지세요.

당신 말대로 하겠소. 그저 나를 사랑이라 불러줘요.

《로미오와 줄리엣》은 원수 집안의 아들과 딸의 가슴 아픈 사랑을 전개
한 희곡이다. 아마 세계에서 가장 유명한 사랑 이야기일 것이다. 몬태규 가

의 아들 로미오와 캐플릿 가의 딸 줄리엣. 서로 사랑을 느낀 로미오와 줄리엣은 원수의 집안이라는 걸 알고 절망하지만 이름은 중요하지 않다는 대화를 나누며 변함없는 사랑을 약속한다. 이 대화 중 장미는 다른 이름으로 불려도 장미라는 내용이 나온다. 이 작품 중에서 가장 유명한 대사 중의 하나다.

《로미오와 줄리엣》의 원작도 좋지만 사람들에게는 영화로 많이 알려졌다. 영화는 1968년에 처음 만들어졌고, 1996년과 2012년에도 다시 만들어졌다. 처음 영화는 올리비아 핫세라는 여배우를 남자들의 가슴에 심었다. 두 번째 영화는 레오나르도 디카프리오와 클레어 데인즈가 로미오와 줄리엣을 연기했는데, 당시 레오나르도 디카프리오의 모습은 많은 여성들의 가슴을 설레게 했다. 처음에는 여자 주인공, 두 번째는 남자 주인공이 인기를 얻은 셈이다. 나는 올리비아 핫세가 나온 영화가 더 좋다. 특히 'What is youth?'로 시작되는 노래는 영화를 본 사람들은 평생 잊지 못할 것이다. 노래 가사 중 마지막 부분인 'A rose will bloom, it then will fade. So does a youth, so does the fairest maid'라는 대목은 수도 없이 들었던 기억이 난다. 장미는 피고 곧 시들어. 청춘이 그렇듯, 아름다운 처녀가 그렇듯…….

장미라는 단어는 그 자체로 강렬한 의미를 갖고 있다. 가장 강한 기표다. 그리고 장미꽃은 그 자체로 우리에게 하나의 약속을 하고 있다. 장미는

이름이 뭐라고 불려도 사랑을 표현한다. 장미의 약속은 변함이 없다. 약속이란 그런 것이다. 진실되고 변함없는 것이 약속이다.

나폴레옹은 약속을 지키는 최선의 방법은 약속을 하지 않는 것이라고 했다. 약속을 하지 않으면 지켜야 할 의무가 없다는, 약간은 비겁한 말이다. 구더기 무서워서 장 못 담그는 것과 같다. 그만큼 지키기 어려운 것이 약속임을 깨달았기 때문에 이런 말을 남겼을 것이다.

약속은 신뢰나 신의를 바탕으로 한다. 그 신뢰가 부족할 경우 계약서를 쓰게 된다. 말로 하든 계약서를 쓰든 세상은 복잡하고 사람은 얄팍한 이기심에 의해 움직이므로 신뢰를 깨고 약속을 없던 것으로 하는 경우가 많다. 신의를 깨는 것이니 이를 배신이라고 한다. 약속과 신의가 깨지는 아픔은 깨는 사람은 잘 모른다. 사랑을 할 때도 까맣게 타는 쪽이 사랑이듯이 약속에서 더 아픈 쪽은 먼저 약속을 깬 쪽이 아니다.

나의 제자들은 걸핏하면 약속을 한다. '훌륭한 카피라이터가 되겠습니다', '일 생기면 연락드리겠습니다', '거기 좋아하는 곳이에요. 꼭 함께 가시죠'와 같은 약속을 남발한다. 다시는 속지 말아야지 다짐하지만 번번이 그 약속을 믿고 있다가 배신을 당하곤 한다. 나는 삼세판을 지킨다. 두 번까지는 믿고 기다린다. 그러나 세 번째의 배신은 그냥 두고 보지 않는다. 세 번까지 안 지키는 것은 습관이기 때문이다. 약속을 안 지키는 것도 습관이다. 그런 사람과는 관계를 끊는다.

한번은 여러 명의 친구들과 같이 여행을 가기로 약속을 하고 구체적인 일정과 코스를 정했다. 렌터카도 빌려놓고 여행지의 숙박도 선금 일부를 주고 예약했다. 그런데 같이 가기로 한 친구 중 한 명이 다른 약속이 생겼다면서 우리와의 약속을 깼다. 나중에 알고 보니 그 약속은 자신에게 득이 되는 쪽을 선택한 얄팍한 행동이었다. 이기심이다. 결국 그 친구를 빼고 여행을 했지만 씁쓸함은 오래 남았다. 그 후로 그 친구와는 여행 약속은 하지 않는다. 우리와의 약속을 깨고 다른 약속을 한 결과가 좋았을까? 당시에는 이득이었는지 몰라도 신의를 저버렸다는 인식은 평생을 따라다니지 않을까. 친구들이나 제자들과의 약속에서 이런 경우가 한두 번이 아니다.

오래 못 본 동창생, 예전에 알고 지냈던 사람, 함께 일하면서 동료였던 사람들을 길에서 우연히 만나면 반갑게 악수를 하고 명함을 주고받는다. 언제 만나서 차 한 잔이나 술 한 잔 하자고 하고 헤어진다. 그런데 이렇게 만난 후 실제로 차 한 잔 하고 술 한 잔 하는 경우는 거의 없다. 그저 의례적으로 하는 말일 뿐이다. 막연하게 언제 한번 만나자라는 말은 절대 믿지 않는 것이 좋다. 나는 몇 월 며칠 어디서 만나자고 구체적으로 약속을 한다. 지키지 못할 약속은 하지 않아야 하고 일단 약속을 했으면 지켜야 한다는

세 번째 스물이 두 번째 스물에게

것이 내 소신이다.

약속은 다른 사람과 앞으로 일을 어떻게 할 것인가를 미리 정해 두거나 그렇게 정한 내용이다. 비슷한 말에 권약이라는 단어도 있다. 앞일을 확실하게 알기는 어려우므로 약속은 파기될 수도 있다. 이것이 약속의 굴레다. 불확실한 현실에서 의미가 있는 일을 이루어내려면 약속을 지키는 것이 정말 중요하다. 약속과 실천이 없으면 개인이나 사회의 발전은 이루어질 수 없다. 약속은 발전의 기본이다.

우리말 속담에 '갓바치 내일 모레'라는 말이 있다. 예전에 갓바치들이 맡은 물건을 제날짜에 만들어주지 않거나, 약속한 날에 찾으러 가면 내일 오라 모레 오라 한다는 말에서 나왔다. 가장 흔한 약속 파기의 행태다. 약속한 기일을 차일피일 자꾸 미루는 사람이 주변에 얼마나 많은가. 약속을 미루는 것을 '낼 모레 동동'이라고도 한다.

약속은 자신에 대한 지혜이자 큰 스승의 역할도 한다. 우선 자신에 대한 약속을 잘해야 한다. 혼자 사는 사람들, 혼자 일하는 사람들은 더욱 그렇다. '내일부터 하루에 한 시간씩 운동을 하자!'라고 스스로에게 약속한 것은 잘 지켜지지 않는다. 자신에게 한 약속은 함부로 깨도 누구를 불편하게 하지는 않기 때문이다. 그러나 이는 스스로 발전을 포기하는 것이다. 자신에게 한 약속이 가장 중요한데 우리는 그걸 너무 우습게 안다.

　　섣부른 약속으로 굴레를 만들지 말아야 하지만 약속한 것은 스스로에게 한 것이든, 남에게 한 것이든 지켜야 한다. 때로는 좀 손해를 보더라도 말이다. 이는 혼자병법에서 아주 중요한 덕목이다.

세 번째 스물이 두 번째 스물에게

단순하거나
충만하거나

보다 적은 수의 논리로 설명이 가능할 때,

많은 수의 논리를 세우지 말라.

_오캄

경쟁자가 있으면 함께 발전할 수 있다. 다만 그 경쟁은 공정하고 상호 존중을 바탕으로 해야 한다. 만유인력의 법칙으로 유명한 뉴턴은 미적분 우선권으로 독일의 라이프니츠와 경쟁을 한다. 뉴턴이 영국왕립협회 의장이어서였는지 영국왕립협회에서는 뉴턴이 미적분 우선권자라고 손을 들어준다. 그런데 미적분의 우선권 논쟁 때문에 영국과 대륙의 학자들 사이에는 반목이 생겼고 학술적 교류까지 단절되고 만다. 나중에는 라이프니츠를 미적분 공동창안자로 인정했지만 라이프니츠는 이 때문에 우울한 삶을 이어갔다고 한다.

열두 살이 되었을 때 이미 라틴어를 깨우친 천재 라이프니츠와 당시 유명한 학자였던 스피노자와의 논쟁도 재미있는 에피소드다. 스피노자는 '내일 지구가 멸망할지라도 나는 한 그루의 사과나무를 심겠다'라는 명언으로 유명하다. 이 말은 사과나무를 심는 행위 자체가 즐거운 것이라는 뜻이며 수확을 누리지 못해도 심는 그 자체가 보람된 일이라는 의미다. 이 말을 지구 멸망에만 초점을 맞추어 다르게 해석하는 경우도 있다.

스피노자는 데카르트의 영향을 받았지만 이원론을 주장한 데카르트와는 달리 일원론을 내세웠다. 그의 철학은 우주의 존재나 우주의 궁극적인 실체를 신과 동일시하는 데서 출발한다. 자연이 곧 신이라는 것이다. 세상의 모든 것은 신의 변형에 불과한 것으로 생각했다. 악의 모습도 신의 입장에서 본다면 같은 것이기 때문에 그는 악이 존재하지 않는다고도 했다. 하나의 원리로 전체를 해석하려는 것으로서 우주의 근본 원리는 오직 하나라는 이론을 정립했다.

반면에 라이프니츠는 이들과는 다른 측면에서 철학을 전개하여 1720년 단자론(單子論)을 내세웠는데, 여기에서 모나드(monad)라는 단자들이 실체로 존재한다는 이론을 펼쳤다. 모나드는 우주를 이루는 모든 것은 하나의 독립적인 것이며 인간도 여러 가지 모나드로 이루어져 있다고 했다.

라이프니츠가 젊은 학자로 이름을 떨칠 때 이미 중년이 된 스피노자를 만난다. 당시 가장 위험한 두뇌라는 평가와 함께 유럽 최고의 지성으로 인정받은 스피노자는 자신만만한 철학자 라이프니츠를 만나 철학적 논쟁을 펼쳤다고 한다. 17세기를 대표하는 두 철학자는 그날 무슨 이야기를 했을까? 스피노자의 일원론과 라이프니츠의 단자론이 불꽃 튀는 논쟁의 소재가 아니었을까?

나는 라이프니츠의 단자론을 더 확신한다. 단자론의 관점에서 보면 이 세상의 모든 것은 심플하고 그러면서도 충만한 상태라고 믿기 때문이다.

신의 영역을 별도로 분리해보고, 자연의 법칙은 각각 단자로서 단순성의 원리에 의해 움직인다고 나는 생각한다.

단순성을 이야기하자면 14세기 영국 스콜라학파였던 오캄을 이야기하지 않을 수 없다. 오캄의 면도날(Occam's Razor) 이론은 그에게서 비롯되었다. 라틴어로 된 그의 책에 이런 말이 나온다.

Pluralitas non est ponenda sine neccesitate.
필요하지 않은 경우에까지 많은 것을 가정하면 안 된다.

어떤 현상을 설명할 때 불필요한 가정을 해서는 안 되며, 같은 현상이 일어났을 때 두 개의 주장이 있다면 단순한 쪽을 선택하라는 이야기다. 필요 없는 가설은 면도날로 잘라 버리라는 의미에서 면도날 이론이라는 이름이 붙었다. 사고 절약의 원리(Principle of parsimony)라고도 불리는 이 명제는 현대 과학에서도 존중하고 있다. 생각을 복잡하게 한다고 답이 빨리 나오는 것은 아니다.

오캄의 면도날 이론은 코페르니쿠스의 지동설 주장에도 힘을 보탰다. 천동설은 초기에는 지동설보다 단순했다. 기독교는 아리스토텔레스의 천동설에 당연히 동조했고 일반인들도 천동설이 맞다고 생각했다. 지구 주위를 달이나 태양 등이 돈다고 보는 것은 당시로서는 당연했다. 그러다가 천동설은 점점 복잡해지고 지동설이 더 간단하게 이해가 가능해지자 지동설이 주목을 받았다. 폴란드 천문학자인 코페르니쿠스는 단순한 것이 정답이라고 생각했다. 그의 이런 생각이 지동설을 만들어낸 것이다. 그는 지동설을 주장하기 이전 이탈리아로 유학을 갔다가 그곳의 그리스 고문헌에 기록된 사모스의 아리스타르코스의 태양중심설을 접하게 된다. 후에 폴란드로 돌아와 태양중심설 천문학을 정리하여 배포했다. 태양중심설, 즉 지동설로 보면 천체 운동의 설명이 더 명확해진다.

프래그난츠(Pragnanz)라는 독일어가 있다. 프래그난츠는 '좋은 형태'란 뜻인데 좋은 형태 법칙(Law of pragnanz)은 형태주의 심리학의 핵심 법칙이다. 이 법칙은 단순성 법칙(Law of simplicity)으로도 불린다. 이 법칙의 핵심 이론은 모든 자극 패턴은 가능한 한 가장 간단한 구조라는 것이다. 프래그난츠의 법칙에는 여러 가지가 있지만 그중에는 모양이 단순한 것일수록 전체로 인식되는 경향이 높다는 단순성의 원리(The law of simplicity)가 있다. 단순하면서도 충만한 방향으로 지각을 하고 이를 행동으로 옮기는 것이 중요하다.

우리가 사는 세상은 복잡하다. 안 그래도 복잡한 세상을 더 복잡하게 살 필요가 있을까? 되도록 단순하게 사는 것이 좋다. 사는 공간, 먹는 음식,

교류하기, 글쓰기 등 그대가 좋아하는 생활을 단순하게 하는 것이 필요하다. 나는 내 방을 심플하게 정리한다. 여름이 지나면 옷장을 정리한다. 계절이 바뀌도록 한 번도 안 입었던 옷은 과감하게 버린다. 겨울에도 마찬가지다. 다 본 책이나 나와 맞지 않는 책도 정리한다. 누군가에게 필요한 것이라면 주저하지 않고 준다.

모임도 심플한 것을 좋아한다. 일단 여러 모임에 가지 않는다. 오라는 데 다 가다 보면 내 생활은 정말 복잡해질 게 분명하다. 모임도 복잡한 것은 싫어한다. 사람과의 교류도 복잡한 것은 피한다. 명함에 보면 하는 일이 참 여러 가지인 사람이 많다. 수많은 모임에 나가고 모르는 사람이 없을 정도로 네트워크를 가진 사람도 많다. 그걸 자랑하기도 한다. 사실 나는 그렇게 복잡한 네트워크가 필요하지 않다. 몇 다리를 건너면 모두 아는 것이 우리의 네트워크라지만 복잡한 네트워크에 갇힐 필요는 없다고 본다.

먹는 것도 심플한 것이 좋다. 그래서 뷔페를 별로 안 좋아한다. 뷔페를 가더라도 그날 먹을 종류를 선택해놓는다. 오늘은 생선 아니면 채소 등으로 정해놓고 그 음식 위주로 뷔페를 즐긴다.

글쓰기를 하는 직업 중 카피라이터가 된 이유도 이 때문일 것이다. 나는 어떤 프로젝트든 카피라이팅을 심플하게 한다. 복잡한 글은 싫어한다.

두 번째 스물, 그대는 충분히 현명하다

퓰리처상을 제정한 미국의 언론인이자 신문경영자였던 퓰리처는 이렇게 말했다.

'짧게 써라. 그러면 읽힐 것이다. 명료하게 써라. 그러면 이해될 것이다. 그림같이 써라. 그러면 기억 속에 머물 것이다.'

패트릭 G 라일리가 쓴 《THE ONE PAGE PROPOSAL》은 심플하고 구체적인 문장을 쓰라는 메시지로 인기를 얻은 책이다. 이 책은 제목 그대로 한 페이지면 제안서는 충분하다는 내용이다. 제안서를 보고 결정하는 사람들은 복잡하고 오래 읽어야 하는 제안서를 좋아하지 않는다. 다 읽을 시간도 없다. 한 장에 간결하고 우아하며 강력한 제안을 담으라는 이야기다.

우리의 삶도 'one page proposal'처럼 된다면 훨씬 더 좋은 시간을 보내게 되지 않을까? 마흔이 넘어가면 더욱 그렇다. 간결하고 우아하며 강력한 삶! 단순충만성의 삶은 우리의 인생을 더 가치 있고 멋있게 해줄 것이다.

세 번째 스물이 두 번째 스물에게

3

두 번째 스물,
그대는
건강하기에 아름답다

혼자병법(건강 편)

안티 에이징과
웰 에이징

젊은 시절에는 하루는 짧고 일 년은 길다.

나이를 먹으면 일 년은 짧고 하루는 길다.

_ 베이컨

◎ ◉

강의를 하다가 젊은 학생들에게 가끔 이런 질문을 한다.

"나와 그대들 중에 누가 나이가 더 많을까?"

학생들은 나를 가리킨다. 당연한 대답이다. 뭐 저런 질문을 다 하시지? 이런 표정이다. 다시 질문을 한다.

"그러면 누가 더 오래 살까?"

학생들은 또다시 피식 웃으면서 당연한 걸 왜 묻느냐는 표정이다. 일부 학생들은 내 질문의 의도를 생각하기도 한다. 그 대답을 듣고 나면 나는 이렇게 반박한다.

"지나온 시간이 아니라 앞으로 살아갈 시간이 나이라고 나는 주장한다. 과거가 아니라 현재와 미래가 중요하다. 앞으로 살아갈 시간이 나이라면 누가 더 젊은가? 그건 대답하기 힘들 것이다. 앞으로 누가 더 오래 살까? 평균적으로 본다면 그대들이 더 오래 살겠지만 그것 역시 아무도 모른다. 물론 일반적으로 나이의 정의는 살아온 햇수를 말한다. 하지만 앞으로 살아갈 햇수가 더 중요하지 않은가."

　이렇게 말하면 학생들은 알 듯 모를 듯 묘한 표정을 짓는다. 우리는 나이가 어려 보인다는 말을 들으면 좋아한다. 40대 여자에게 30대로 보인다고 하면 금세 표정이 밝아진다. 어려 보이는 것이 그렇게 좋은 것이다. 요즘은 실제 나이보다 어려 보이는 사람들이 많다. 영양 상태가 좋아서인지 화장 덕분인지 모르지만 확실히 예전보다 사람들이 어려 보인다. 남자는 감정이 나이를 먹고 여자는 얼굴이 나이를 먹는다는 말이 있다. 모두가 그런 건 아니다. 중요한 것은 얼굴보다 감정이 나이를 잘 먹어야 한다.

　우리는 늙어가고 언젠가는 죽음을 맞이하게 된다. 나이를 먹지 않으려고 발버둥쳐봤자 그건 불가능한 일이다. 화장이나 성형으로 잠시 숨길 수는 있으나 영원하지는 않다. 그래서 나는 안티 에이징보다 웰 에이징을 추구하라고 권한다. 나 스스로도 웰 에이징을 하려고 한다. 나이 드는 것을 인정하고 잘 늙어가는 것이 중요하다고 생각하기 때문이다. 앙드레 지드는 '아름답게 죽는 것보다 아름답게 나이 드는 것이 더 어렵다'고 했다. 깊이 공감한다.

　웰빙이 사람답게 사는 것이라면 웰 에이징은 사람답게 나이 드는 것을 말한다. 안티 에이징은 나이를 거부하지만 웰 에이징은 나이를 멋지게 수

용한다. 20대는 자신의 생각대로 살아간다. 세상에 두려울 것이 없는 나이다. 30대에는 지혜가 있어야 한다. 세상을 바라보는 슬기로움이 있어야 제대로 살 수 있다. 그러면 40대는? 40대에게 가장 중요한 것은 판단력이다. 판단력이 없는 40대는 남에게 휘둘리기 쉽다. '우리의 인생은 40년까지는 본문이고 나머지 30년은 주석이다'라고 쇼펜하우어가 지적했듯이 마흔은 인생의 터닝포인트가 되는 시기다.

'특정 나이가 되면 그때부터 모든 일이 제대로 돌아간다. 마흔 살 이후부터 아무도 나를 맘대로 할 수 없었다.' 영국 최초의 여성 하원의원이었던 낸시 에스터의 말이다. 그녀의 다른 말들은 별로 좋아하지 않지만, 이 말에는 공감하게 된다. 마흔이 넘어서도 남에게 휘둘린다면 슬픈 일이다.

나이 든 바보가 되지 말자. 나이가 어릴 때는 무슨 일을 저질러도 용서받을 수 있지만 40대가 되면 더 이상 동정을 받지 못한다. 동양이나 서양 모두 마흔 살에 중요한 의미를 둔 것은 우리보다 먼저 산 사람들이 평생을 살면서 지혜를 얻었기 때문이다. 공자는 불혹을, 링컨은 '남자 나이 마흔이면 자기 얼굴에 책임을 져야 한다'고 했다. 'Every man over forty is responsible for his face.'

이창동 감독이 각본을 쓰고 만든 영화 〈시〉는 칸 영화제에서 주목을

세 번째 스물이 두 번째 스물에게

받았고 각본상을 수상했다. 피아니스트 백건우의 부인이자 한때 최고의 인기를 누렸던 배우 윤정희가 주연으로 열연한 이 영화에는 '아네스의 노래'라는 시가 나온다. 노무현 전 대통령이 부엉이 바위에서 스스로 목숨을 끊은 후 이창동 감독이 직접 쓴 시라고 알려져 있다. 영화 엔딩 부분에서 주인공 미자의 낭독이 이어진다.

> 그곳은 어떤가요 얼마나 적막하나요
>
> 저녁이면 여전히 노을이 지고
>
> 숲으로 가는 새들의 노래 소리 들리나요
>
> 차마 부치지 못한 편지 당신이 받아볼 수 있나요
>
> 하지 못한 고백 전할 수 있나요
>
> 시간은 흐르고 장미는 시들까요
>
> _ 영화 〈시〉 '아네스의 노래' 앞부분

이 시에서 내 가슴을 쿡 찌른 한 줄은 '시간은 흐르고 장미는 시들까요'다. 시간은 멈추지 않고 흐르며 장미는 시들기 마련이다. 장미는 다시 피어나지만 우리는 다시 피어나지 못할 뿐. 어차피 한번 살면 끝인 것이 우리 인생이라면 웰 에이징의 가치를 다시 생각해야 한다. 잘 늙어야 한다.

한 살이라도 나이를 줄이고 싶어 만 나이를 쓰려는 사람이 늘었다. 전세계에서 우리나라만 '만 나이'와 '세는 나이'를 같이 쓰고 있다고 한다. 한 살이라도 어리다는 걸 내세우기 위해 만 나이를 강조하기도 한다. 엄마 뱃속에 있던 시간까지 계산하는 우리식의 나이가 나쁘다고 할 수는 없지만, 요즘은 전 세계가 사용하는 기준으로 나이를 계산하는 것이 혼란을 줄이는 방법이 아닐까 싶다.

나이는 거부할 수 없다. 웰 에이징을 위해 내가 실천하고 있는 습관 열 가지를 소개한다. 하고 안 하고는 그대의 몫이다.

1. 즐거운 생각을 하라. 많이 웃어라. 웃음이 젊음을 준다.
2. 하루 2리터의 물을 마셔라. 물은 노화를 방지해주는 가장 좋은 약이다.
3. 채소 위주의 식사를 하라. 현미와 채식은 몸을 깨끗하게 해준다.
4. 사랑하라. 섹스를 즐겨라. 사랑과 섹스는 인생을 보람 있게 하고 건강하게 만든다.
5. 잠을 잘 자라. 정해진 시간에 푹 자는 것이 면역력을 길러준다.
6. 매일 1시간 이상 걸어라. 걸음은 우리 몸의 모든 병을 다스린다.
7. 술은 절제하고 담배는 끊어라. 아직도 담배를 피우는가?
8. 긍정적으로 생각하라. 생각이 몸의 변화를 일으킨다.
9. 책 읽기와 글쓰기를 습관화하라. 우리의 머리는 무한의 능력을 가졌다.
10. 남을 도우는 일을 하라. 좋은 일을 하면 저절로 즐거워진다.

세 번째 스물이 두 번째 스물에게

몸,
습관을
다스리는

Can't we give ourselves one more chance?

Why can't we give love that one more chance?

우리 자신에게 다시 한 번 기회를 줄 수 없는가?

왜 사랑에게 다시 한 번 기회를 줄 수 없는가?

_ 퀸의 노래 'Under Pressure' 중에서

눈 덮인 대관령은 내가 좋아하는 곳이다. 환상적인 눈꽃 트레킹을 즐길 수 있기 때문이다. 대관령 옛길 고속도로 휴게소 옆에는 양떼 목장도 있어 사람들이 많이 찾는다. 나는 목장보다 그 뒤로 올라가는 선자령 코스를 좋아한다. 선자령은 어느 계절에 가도 독특한 아름다움이 있다. 봄에는 봄대로 겨울에는 겨울대로. 특히 야생화가 많이 피기 때문에 카메라를 들고 즐겨 찾는 곳이 되었다. 겨울에는 야생화 대신 눈꽃이 피어나 그 눈부신 자태를 감상할 수 있다.

선자령과 인제의 곰배령은 비슷하면서도 느낌이 다르다. 산이나 봉 같은 이름을 붙이지 않고 령이라 부르는 연유는 모르겠으나 두 곳 모두 평평한 산에 꽃이 지천으로 피어나는 점은 같다. 곰배령은 출입 인원을 제한하기 때문에 미리 예약을 해야 하지만, 선자령은 마음만 먹으면 편하게 다녀올 수 있다.

대관령 삼양목장은 아이들에게 천국이다. 눈썰매를 탈 수 있어 겨울에는 아이들 웃음이 그치지 않는다. 한 아이가 신이 나서 연거푸 눈썰매를 타러 뛰어 올라갔다. 지치지도 않는 모습이었다. 저 나이 때는 좀처럼 지치지 않는다. 몸의 회복력이 빠르기 때문이다.

우리의 몸은 점점 늙어간다. 몸의 장기들은 세월을 지나면서 기능이 약해진다. 수십 년을 사용했으니 고장도 난다. 젊을 때 잘 보살핀 사람들은 덜하겠지만 많은 사람들이 자신의 몸을 그렇게 잘 보살피지 않는다. 일로, 술로, 스트레스로, 공해로 우리 몸은 늘 혹사당하고 있다.

나는 보통 새벽 두세 시에 자고 아침 아홉 시나 열 시에 일어나는, 나름대로 규칙적인 생활을 하는 편이다. 새벽까지 일하는 것은 그 시간에 감성이 활발해지기 때문이다. 늦어도 열한 시에는 자야 우리 몸의 면역력이 높아진다는데, 나는 새벽까지 일하는 것이 오랜 습관이 되어 버렸다.

내 친구 중 한 명은 폐암에 걸려 수술을 받고 난 후 열심히 운동을 하고 있다. 아침마다 수 킬로미터씩 걷는다고 한다. 비가 오나 눈이 오나. 아프고 난 뒤에 하는 운동은 소 잃고 외양간 고치는 격인지도 모른다. 그래도 아프고 나니 지금부터라도 건강을 챙겨야 한다는 절박한 심정으로 그럴 것이다.

인간의 육체는 우리의 존재가 잠시 야영하고 있는 임시 오두막이라고 누군가 말했다. 몸이라는 곳에서 우리의 영혼이 그 기능을 발휘하는 것이다. 몸이 없다면 영혼도 존재할 수 없다. 완전한 육체는 그 자체가 정신이며 영혼인 것이다. 우리 몸은 무엇일까? 나에게 무슨 의미일까?

두 번째 스물, 그대는 건강하기에 아름답다

육체는 개별적 인간 존재가 신체로 나타난 형태라고 한다. 우리 몸에 대해 동양과 서양의 관점이 다르다. 동양에서는 신체와 물체를 동일한 것으로 본다. 우리 몸을 나타내는 신체라는 단어를 보자. 한자 신(身)은 여성이 임신한 상태를 나타내는 상형문자이며, 체(體)는 우리 몸의 뼈와 사지를 나타내는 글자이면서 사물의 이치나 본질 등 정신적 의미를 포함하고 있다고 한다. 마음을 뜻하는 심(心)은 원래 심장의 형태를 나타낸 글자로, 심이 있는 곳이 심장이라고 생각했기 때문에 심은 곧 마음을 뜻하게 되었다. 심은 신체에서는 구분할 수 없는 것이다.

서양은 물심이원론을 주장한다. 물(物)과 심(心)을 구분하는 이원론적 사고방식이 주류를 이루어왔다. 이원론의 기초가 된 것은 유대교와 그리스도교의 사고방식이었다. 유대교에서는 영과 육을 구분하는 사상이 있었고 이것이 그리스도교로 이어져 왔다고 알려져 있다. 그것이 물심이원론으로 발전한 것이다.

요즘 우리나라는 남녀를 불문하고 건강하고 멋진 육체를 갖는 데 몰두하고 있다. 산에 가보라. 수많은 사람들이 울긋불긋한 옷을 입고 산을 누빈다. 북한산이나 도봉산처럼 가까운 곳의 산 정상은 교통정리를 해야 할 만큼 사람들이 넘쳐난다. 올레길, 둘레길 같은 길도 수없이 생겨났다. 헬스클럽도 건강을 지키려는 사람들로 북적인다.

세 번째 스물이 두 번째 스물에게

강남에는 또 얼마나 많은 성형외과가 여심을 유혹하고 있는지 모른다. 눈 쌍꺼풀 수술은 당연하고 턱도 깎고 앞통수 뒤통수까지 다듬는다고 한다. 성형 천국이라고 할 만하다. 텔레비전에 나오는 아이돌의 얼굴은 구분이 쉽지 않다. 모두 비슷하게 예쁘고 잘 생겼다. 나 같은 사람은 아이돌을 구분하기가 정말 어렵다. 얼굴도 비슷한데 이름도 별스럽다.

자전거를 한번 배우면 우리 몸은 평생 그걸 기억한다. 이번 겨울에 스키를 배워두면 다음 겨울에는 다시 배울 필요가 없다. 우리 몸이 기억해두기 때문이다. 우리 몸은 어떤 것을 기억하느냐에 따라 달라진다. 몸에 좋은 습관을 들여야 한다. 그래야 몸에 깃든 정신이 힘을 발휘한다.

고전평론가 고미숙이 쓴 책이 있다.《고미숙의 몸과 인문학》이라는 책에 보면 우리의 몸이야말로 삶의 구체적 현장이며 우리가 만나는 유일한 리얼리티라고 했다. 우울증이 유행처럼 되어 버리는 현대인이 주목해야 할 대상이 바로 몸이라고도 주장하고 있다. 공감이 가는 내용이다.

몸을 단련하면 영혼도 단련된다. 몸이 불혹의 능력을 키워준다. 이렇게 말하는 나 자신도 반성하고 있다. 어느새 몸은 쇠약해지고 정신력마저 약해진 듯한 이 느낌. 이것에서 벗어나려면 새로운 습관이 필요하다. 돈을 잃으면 조금 잃는 것이고 명예를 잃으면 많이 잃는 것이며 건강을 잃으면

다 잃는 것이라는 말을 늘 기억하자. 자유롭고 멋지게 살려면 몸에 좋은 습관을 들여야 한다.

요즘 내가 하는 운동과 몸에 좋은 습관을 위해 실천하는 일을 몇 가지 소개한다.

*자전거 타기 나는 인류가 발명한 것 중에서 자전거를 매우 높게 평가한다. 봄부터 가을까지 자전거의 속도감, 탱탱한 다리의 감각을 즐긴다. 사이클링 옷을 갖춰 입어야 자전거 운동을 더욱 실감나게 즐길 수 있다. 처음에는 하체에 딱 붙는 바지가 영 쑥스러웠지만 이제는 익숙해졌다.

*스키 겨울이면 스키장을 찾는다. 속도 제어가 필요한 스포츠를 만끽하다 보면 우리의 삶에도 속도 제어가 필요하다는 걸 깨닫는다. 친구들이 만류하기도 한다. 뼈가 부러지면 잘 붙지도 않는 나이에 뭐하러 그런 위험한 운동을 하느냐고 난리다. 뭐하러라니! 속도감, 균형감각을 내 몸이 기억하도록 하는 이 멋진 운동을 모르고 하는 소리다. 가끔 스키장에 온 사람들 중에서 내가 제일 나이가 많다는 것을 보고는 혼자서 웃는다.

*걷기 걷기 운동이 얼마나 좋은지는 걸어보면 안다. 우리 몸의 어지간한 병은 걷기 하나만으로 고칠 수 있다고 한다. 가장 쉽고 돈도 들지 않는

습관이다. 문제는 운전. 그놈의 차를 버리기가 쉽지는 않다. 운전을 하는 것보다 걷는 것이 백 배 나은데 말이다. '걸음아 날 살려라'라는 말은 빨리 도망가라는 뜻이 아니고 정말 몸을 살린다는 뜻이 아닐까?

＊테니스 젊은 시절에는 오로지 테니스였다. 자전거나 스키, 걷기는 혼자서도 할 수 있지만 테니스는 상대가 있어야 한다. 테니스는 순발력을 기르는 데 좋다. 힘차게 쳤을 때 공이 내는 경쾌한 소리는 정신도 맑게 해 준다. 나이가 들수록 순발력이 떨어진다. 이때 필요한 것이 테니스다.

좋아하고 즐기는 사람들한테는 미안한 말이지만, 내가 싫어하고 권하고 싶지 않은 운동도 있다. 첫째가 골프다. 시간이 자유로운 사람은 골프에 시간을 다 뺏길 수가 있으니 조심해야 한다. 비용도 만만찮다. 둘째는 헬스다. 난 실내에서 하는 운동은 별로다. 그리고 헬스나 피트니스 같은 것은 너무 인위적이라고 생각한다.

두 번째 스물, 그대는 건강하기에 아름답다

걸음에
리듬을

용기는 두려움이 없는 것이 아니라

두려움을 정복해 나가는 것이다.

_ 영화 〈How do you know〉 중에서

해미에 있는 개심사는 고창의 선운사와 더불어 내가 가장 좋아하는 절 중 하나다. 개심사는 저녁 무렵에 가야 제맛이다. 저녁이 되면 스님이 나와 육지 생명체를 위한 쇠북과 바다 생명을 위한 목어, 하늘에 있는 존재를 위한 운판을 두드린 후 마침내 모든 중생을 위한 범종을 친다. 서른 세 번. 종소리는 10미터 정도 거리에서 들을 때 그 울림이 최상이다. 소리가 내 몸 안을 뚫고 지나가면서 몸과 마음의 번뇌를 정화시켜주는 느낌이 든다. 간지럼나무라고도 불리는 배롱나무 옆에서 종소리를 들으면 범종의 소리가 얼마나 좋은지 알게 된다. 특히 범종각의 기둥은 자연 그대로 구불구불한 모습을 지니고 있어 더 의미가 있다. 개심사 심검당의 기둥 역시 나무를 있는 그대로 활용하여 자연미를 살렸다.

선운사는 봄 동백과 가을의 꽃무릇 그리고 도솔천에 비치는 단풍이 절경이라 사람들의 발길이 끊이지 않는 곳이다. 모두 붉은 색이다. 그래서일까? 선운사를 노래한 시가 참 많다. 미당 서정주의 시 '선운사 동구'나 송창식이 부른 '선운사'는 이 절을 더욱 유명하게 만들었다. 나는 최영미의 '선운사에서'라는 시를 좋아한다. 이 시를 읊조리면서 선운사를 거니는 건 대단한 축복이다. 특히 내가 좋아하는 마지막 구절은 이렇다.

꽃이

지는 건 쉬워도

잊는 건 한참이더군

영영 한참이더군

　

이 구절을 읊으며 동백꽃이 진 걸 보면 그냥 서럽다. 사랑이 오듯이 꽃이 피고 사랑이 가듯이 꽃은 진다. 사랑은 한 번 가면 영영 오지 않지만 꽃은 때가 되면 다시 피어나기에 사랑이 더 서러운 것인지 모른다.

　

한번은 선운사를 갔다가 아리따운 두 처녀를 만났다. 무슨 이야기를 그리 재미있게 하는지 까르르 웃으면서 지나갔다. 풀밭을 향했던 카메라를 그녀들에게로 향했다. 나란히 걸어가는 뒷모습이 예쁘다. 그런데 나를 지나쳐 한참을 걷는 두 사람의 발걸음이 같아진 걸 발견했다. 마음이 통하니 발걸음도 같아지는 것이겠지만 그 순간이 신기하여 연방 셔터를 눌렀다.

　

처녀들의 발걸음은 경쾌했다. 번뇌 같은 건 없어 보였다. 발걸음만 봐도 두 사람의 마음 상태를 알 수 있었다. 경쾌하되 경박하지 않고 빠르지도 느리지도 않은 저 발걸음. 이 절에서 아마 삼사일은 있었을 것이다. 템플스테이에서 만난 사이는 아닌 듯했다. 필시 처음부터 함께 온 친구들이다. 나이는 스물다섯에서 서른 살 사이. 아직은 세상이 아름답게만 보이는 나이

세 번째 스물이 두 번째 스물에게

다. 그녀들의 발걸음에서 나는 그런 것들을 봤다.

걷는다는 행위는 어딘가로 자신을 이동하는 것을 말한다. 대부분 목적이 있어 그 목적지로 향하는 것이기 때문에 걸을수록 의미가 있고 목적을 이루는 수단이 된다. 그래서 걷는 행위는 소중하다. 내 다리로 힘차게 움직인다는 것은 얼마나 고마운 일인가.

나는 사람을 볼 때 걸음걸이를 관심 있게 본다. 특히 돌아서 가는 뒷모습을 본다. 너무 무거운 것도 좋지 않고 가벼움이 넘쳐도 싫다. 질질 끄는 발걸음을 가진 사람은 믿지 못한다. 경쾌하고 리듬 있는 발걸음을 가진 사람이 좋다.

걸음은 그 사람의 인생을 이야기하는 것이라 믿고 있다. 뒷모습에 그 사람의 삶과 철학이 녹아 있다. 자신감이 없거나 믿음이 부족하면 걸음걸이가 좋을 수 없다. 걸음걸이는 그 사람의 오늘을 말하고 자신감을 이야기한다.

걸음에서 용기와 자신감을 발견한다. 이 세상이 평등하고 공정하다면 용기가 필요 없겠지만 세상은 그렇게 공정하지 않다. 그래서 우리에게는 용기가 필요하다. 공정하지 못한 일에 분노하고 고쳐나갈 용기가 있어야 한다. 부조리에 눈감고 돌아서면 그 사람의 발걸음은 비겁해진다. 세상에 대한 용기는 걸음걸이에서도 나타난다.

자신감도 마찬가지다. 자신감 있는 사람이 걷는 모습은 다르다. 경쾌하고 힘이 있다. 일정한 리듬이 있다. 자신감이 없다면 걸음걸이부터 나약해지고 세상의 모든 일들이 나의 훼방꾼처럼 느껴지고 적으로 보일 것이다. 적을 만드는 것은 상대방에게 잘못이 있는 것이 아니라 나에게 자신감이 없는 탓이기도 하다.

그래서 나는 발걸음을 중요시하고 사람의 뒷모습을 유심히 보는 것이다. 걸음을 바로 걷기 위해서는 평소에 걷는 방법을 바로 해야 한다. 우선 마음가짐부터 달라야 한다. 용기와 자신감을 가져야 걸음걸이도 달라진다. 반대로 걸음걸이가 달라지면 용기와 자신감이 생기기도 한다. 눈은 5미터 정도 앞을 보고 몸은 꼿꼿이 편다. 발은 어깨넓이로 벌리고 11자나 그보다 약간 더 벌린 자세로 경쾌하게 걷는 것이 좋다. 전문가들은 걸을 때는 발 뒤꿈치부터 땅에 닿도록 하고 발바닥 전체를 거쳐 앞꿈치가 닿도록 하는 것이 좋다고 한다.

팔자걸음을 버리지 못하는 친구가 있다. 팔자걸음은 위험한 보행법이라고 한다. 발의 바깥 부분에 의지하여 걷는 것이라서 고관절이나 슬관절에 무리가 온다고 한다. 그래서 이 친구를 볼 때마다 우정 어린 충고를 하지만 좀처럼 고치지 않는다. 충고도 듣기 싫어한다. 수십 년을 그렇게 걸었으니 쉽게 고쳐질 리가 없다. 아무리 친구라 해도 뒷모습을 보면 영 아니다 싶다. 양반걸음이라고 미화할 것이 아니다.

팔자걸음과 달리 안짱다리라는 것이 있다. 두 발의 각도가 안으로 휘어진 걸음을 걸으면 생긴다. 어릴 때부터 걸음걸이를 유심히 살펴보고 안짱다리인 경우 그 원인을 찾아 치료를 해야 한다.

그런데 내 걸음걸이는 내가 볼 수 없다. 내 뒷모습을 알기는 더 어렵다. 친한 친구나 가족에게 부탁하여 내가 걷는 모습을 봐달라고 부탁하면 가능하다. 비디오 카메라로 촬영해서 보면 더 확실하게 알 수 있다. 자신감이 있는지, 힘이 있는지, 리듬감이 있는지 등을 알아야 한다. 나의 뒷모습을 아는 것은 중요하다.

자신감이 넘치는 걸음걸이를 가지는 것은 눈에 보이지 않는 재산이다. 걸음걸이에 지나치게 힘이 많이 들어가거나 반대로 힘이 없는 경우, 그 사람을 지나치게 믿으면 안 된다. 그 사람의 심리 상태나 자신감이 걸음걸이에 나타나기 때문이다.

스키는 플레이트, 바인딩, 부츠 등으로 구성된다. 다 중요하지만 부츠가 특히 중요하다. 걷거나 달릴 때도 신발이 가장 중요하다. 구두나 운동화에 투자를 아끼지 말아야 한다. 불편한 구두를 신고 하루 종일 생활하는 것은 자신을 혹사하는 행위다. 지금 신고 있는 구두를 보라. 그리고 불편해서 발이 아팠던 적이 여러 번 있었다면 과감하게 버려라, 당장!

연애를 하거나 결혼 상대를 고를 때도 걸음걸이를 유심히 살펴볼 일이다. 잘 어울리는 남녀는 뒷모습과 걸음걸이가 비슷하고 리듬이 잘 맞는다.

낙이불음의
섹스

모든 기회에는 유통기간이 있어.

_영화 〈버레스크〉 중에서

⊚⊚

    톨스토이는 성욕과의 싸움이 가장 어려운 투쟁이라고 했다. 톨스토이 선생이 그런 말을 했다니 무척 인간적으로 느껴진다. 모든 남자들이 그렇지는 않겠지만 남자가 여자보다 더 성욕 조절을 어려워한다.

    마흔 살의 남자에게 성욕과 섹스는 무슨 의미일까? 마흔 살이라고 해서 섹스에 별다른 의미가 있는 건 아니다. 다만 섹스에 있어서도 불혹의 경지를 터득한다면, 그래서 내 마음대로 조절이 된다면 얼마나 좋을까. 나의 경우 섹스는 낙이불음의 경지가 최고라고 생각한다.

    섹스에 있어서도 역시 공자의 말씀을 경청할 필요가 있다. 섹스를 두고 한 말은 아니지만, 여기에 빗대어 보면 아주 적절한 표현이기 때문이다.

關雎 樂而不淫 哀而不傷
관저 낙이불음 애이불상

관저의 시는 즐거우면서도 음란하지 않고, 슬프면서도 마음이 상하지 않는다.

세 번째 스물이 두 번째 스물에게

낙이불음! 즐기되 음란하지 않다. 이게 쉬운 것 같지만 우리 같은 범인들에게는 번뇌를 하게 하는 명제다. 이 말은 《논어(論語)》 '팔일편(八佾篇)'에서 공자가 《시경》의 '관저편(關雎篇)'에 논평을 한 내용에 나온다. 공자가 관저의 시에 이런 평가를 내린 걸 보면 그의 사상을 알 수 있다. 공자의 철학인 중용지도를 문예에서도 강조한 것으로, 기쁨과 슬픔을 표현하는 예술적인 정서도 중용의 도를 가져야 한다는 의미다. 공자의 이 생각은 후대에 많은 영향을 미쳤다.

즐거우면서 음란하지 않고 슬프면서도 마음이 상하지 않는 것이 바로 조화다. 절제의 미학을 이야기하는 것이다. 주희(朱熹)는 《시집전서(詩集傳序)》에서 '음란하다는 것은 즐거움이 지나쳐서 정도를 잃은 것이다. 마음이 상했다는 것은 슬픔이 지나쳐서 조화를 해친 것이다'라고 이 말에 주석을 달았다.

사실 섹스는 좋은 것이다. 정신적, 육체적 건강에 도움이 된다. 미국의 시사주간지 〈뉴스위크〉에서는 섹스가 인간의 생명을 연장시켜주고 고통을 줄이는 등 놀라운 효력이 있다는 연구 결과를 소개한 적이 있다. 이 연구 결과만으로는 섹스 그 자체가 효과적인지 아니면 상대방과의 정신적 교감의 효과인지 분명하지 않지만 섹스의 효력 여섯 가지를 소개했다. 나는 섹스 그 자체도 중요하고 정신적 교감도 필요하다고 본다. 낙이불음의 경지가 가능하다면 그 효과는 더욱 커지지 않을까? 〈뉴스위크〉가 소개한 규칙적인 섹스의 여섯 가지 장점을 요약하자면 다음과 같다.

1. 섹스는 감기를 막아준다. 일주일에 한 번이나 두 번 섹스를 하면 감기 바이러스에 대한 항체인 이뮤노글로빈(immunoglobin)A의 면역 레벨이 높아진다고 한다. 섹스로 감기 뚝!

2. 섹스는 어려보이게 한다. 섹스를 자주 하는 사람들의 얼굴은 동안이라고 한다. 동안을 가진 사람들은 일주일에 네 번 섹스를 한다고 하니 참고할 일이다. 만족스러운 섹스를 한 후 여자들의 얼굴이 상기되고 피부에 윤기가 흐르는 걸 알 수 있다. 섹스를 하는 동안에는 머리카락이나 피부를 윤기나게 하는 여성 호르몬 에스트로겐의 수치가 높아진다. 즐거운 섹스 후에 거울을 보라. 피부 변화가 없다면 섹스 방법을 다시 생각하라.

3. 섹스는 다이어트다. 섹스는 격렬한 운동과 마찬가지다. 30분의 열정적인 섹스로 200~800킬로칼로리의 열량을 소비한다고 한다. 이는 수영이나 조깅을 하는 것과 같은 효과다. 그렇다고 운동 삼아 하면 안 된다.

4. 섹스는 두통을 없앤다. 특히 편두통이 있는 사람은 섹스를 통해 치료할 수 있다. 우리 몸의 통증을 없애주는 자연 진통제인 엔도르핀이 섹스를 하는 동안 증가하기 때문이다. 두통은 물론 치통이나 관절통까지 섹스가 완화시켜준다고 한다. 섹스가 타이레놀보다 나을 수도 있다.

세 번째 스물이 두 번째 스물에게

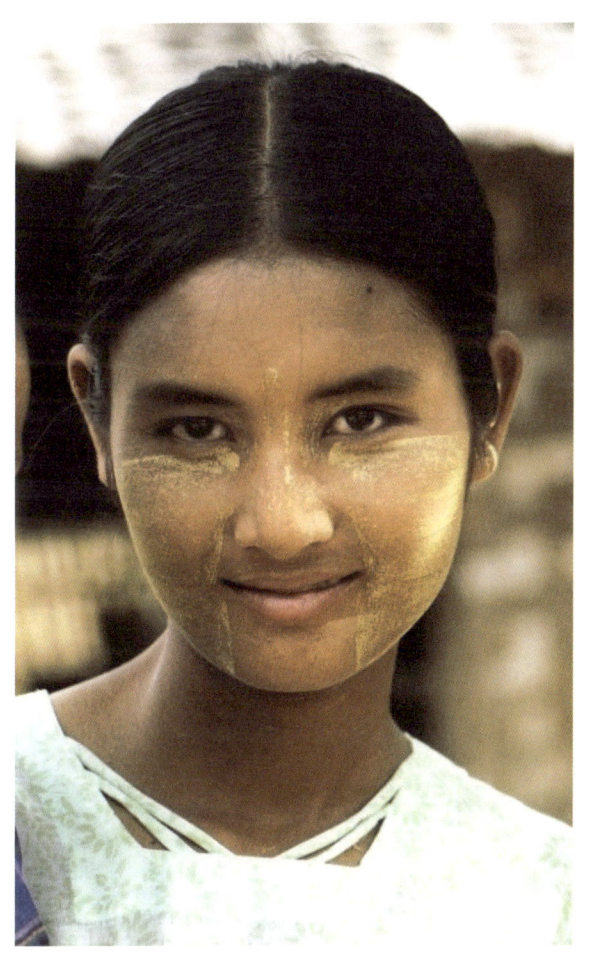

5. 섹스는 여성의 건강을 책임진다. 일주일에 한 번 이상 규칙적으로 섹스를 하는 여성은 불규칙적으로 하거나 하지 않는 여성보다 생리 주기가 일정하다는 연구 결과가 있다. 오르가즘도 중요하지만 섹스 상대와의 친밀감이 더 필요하다고 한다.

6. 섹스는 의사다. 아침에 먹는 사과 한 알과 규칙적인 섹스는 의사라는 직업을 사라지게 한다. 온몸을 짜릿하게 하는 섹스는 우리 몸의 잔병을 예방하거나 치료 효과가 있다. 남성의 건강을 지키고 여성들이 나이 들어서 겪는 요실금 같은 것도 막을 수 있다고 한다.

이렇게 좋은 섹스지만 마흔 살의 남자에게는 그리 녹록한 일은 아니다. 슬슬 정력이 퇴보하는 걸 자각하는 나이이기 때문이다. 아내와의 잠자리는 어느새 의무방어전이라는 표현처럼 되어 버리기 쉽다. 길에서, 직장에서 젊은 여성들에게 자주 눈이 가기도 한다. 새로운 여자에게 호기심이 생기고, 섹스에 대해 알 만큼 알고 테크닉에도 자신이 있는 게 마흔 살 무렵의 남자다. 이럴 때 아내 외에 다른 여자를 만나 섹스를 할 기회가 생기기도 한다. 거창하게 사랑 운운하지 않고 섹스 그 자체를 즐기고자 한다. 여자보다 남자들이 훨씬 더 이런 경향이 강하다.

우리는 제대로 된 성교육을 받지 못했다. 친구들이나 책을 통해 주워들은 상식이 전부였다. 특히 남자들은 여성에 대해 잘못 알고 있는 성 지식으로 인해 함께 누려야 할 섹스의 즐거움을 혼자만 만족하는 경우도 많다. 청소년은 물론 성인들도 제대로 된 성교육을 받을 필요가 있다.

요즘에는 범람하는 야한 동영상(일명 야동)으로 인해 섹스에 대해 편견이 생기는 경우가 많다. 서양과 일본의 야동이 넘쳐난다. 누구나 쉽게 접할 수 있다. 야동이 성 지식에 도움이 된다고 주장하는 사람도 있지만, 그보다는 섹스를 잘못 이해할 가능성이 더 크다. 야동에 나오는 인물들은 대개 돈을 받고 연기를 하는 것이다. 현실에서의 섹스와는 많이 다르다. 야동을 너무 많이 보면 섹스에 대해 현실감이 없어지게 된다. 불만이 생기고 비정상적인 행위에 대한 욕구가 생길 수도 있다. 특히 젊은 나이부터 이런 동영상을 많이 보면 문제가 심각해진다.

받아들이기 어려운 정답이지만 우리는 누구나 늙어가고 성적 능력과 성적 호기심도 약해진다. 마음만으로 안 되는 것이 우리 몸이다. 섹스의 즐거움은 절제하는 것보다 가능하면 많이 누리는 것이 좋다. 섹스의 즐거움은 남자나 여자 모두에게 반드시 필요한 것이기 때문이다. 다만 낙이불음의 경지에 도달하도록 노력해야 한다. 남자들은 여자에 대해 잘못 알고 있는 상식을 버리고 서로를 존중하는 자세를 가져야 한다. 그러면 마흔의 그대에게 섹스는 다른 의미로 다가올 것이다.

4

두 번째 스물,
그대는
이미 잘하고 있다

혼자병법(일 편)

일과 삶의
균형

자유의 여신상은 홀로 서 있다.

그리고 뭔가를 의미하고 있다.

_ 헬 스테빈스《카피캡슐》

꩜

어느 기자가 프로이트에게 이렇게 질문했다.

'프로이트 선생님, 어떻게 하면 인생을 잘 사는 건가요?'

프로이트가 대답했다. 간결하게.

'Lieben und arbeiten.

사랑과 일, 이 두 가지가 균형을 이룰 때 인생은 살만한 것이다.'

오스트리아의 정신분석학자인 지그문트 프로이트는 우리에게 《꿈의 해석》으로 잘 알려져 있다. 그는 우리의 내면에 존재하는 자아 외에 그 깊이를 알 수 없는 심연이 있다는 걸 밝혀냈다. 특히 그의 이론은 성에 근거한 것이어서 당시 센세이션을 일으켰다. 프로이트는 또한 예술 애호가로서 창작활동은 쾌락을 만들어내는 백일몽이라고 규정했다. 프로이트는 성의 역할에 대해 강조하고 남성 위주의 성을 대상으로 한 연구 결과를 발표하여 비판을 받기도 했다. 그는 아인슈타인에게 편지를 보내면서 물리학에서는 아무도 아인슈타인의 이론에 반박하지 않는데, 심리학에서는 자신의 이론에 대해 다른 사람들이 말이 많다고 불평을 토로하기도 했다.

일과 사랑이 균형을 잘 이루어야 한다고 한 프로이트의 이야기는 새겨 들을 필요가 있다. 남자들은 흔히 일에 몰두하느라 여자와의 약속이나 만

두 번째 스물, 그대는 이미 잘하고 있다

남을 미루거나 소홀히 할 때가 많다. 이럴 때 간혹 이런 질문을 하는 여자들이 있다.

"자기는 일이 더 중요해? 내가 더 중요해?"

왜 이런 질문을 할까? 대답을 해야 하는 입장에서는 솔직히 일도 사랑도 모두 중요하기에 어느 것이 더 중요하다고 선뜻 말하기가 쉽지 않다. 대부분의 남자에게 일은 우선순위에서 가장 앞에 있는 경우가 많다. 가장으로서의 책임감이기도 하고 소속한 집단에 대한 책임감이기도 하다. 그것을 이해해주지 못하고 따지고 들면 남자들은 당황스럽기도 하고 화가 나기도한다. 일과 사랑, 이 두 가지를 잘 조화시키고 균형을 유지한다는 것이 참어렵다.

이런 균형과 조화는 이미 수천 년 전에 공자가 언급했다. 공자의 제자자공이 어느 날 스승에게 물었다. 그리고 스승은 답했다.

'스승님, 사(자장)와 상(자하) 중 누가 더 어집니까?'
'사는 지나치고 상은 미치지 못한다.'
'그럼 사가 낫단 말씀입니까?'
'지나친 것은 미치지 못한 것과 같다.'

사와 상은 대조적인 성격을 가지고 있었다. 사는 진보적인 생각과 행동을 하는 편이었고, 상은 매사에 조심스러웠다. 이 두 사람을 평가하는 데 있어 공자는 중용(中庸)과 시중(時中)의 중요성을 이야기한 것이다. '지나친 것은 미치지 못한 것과 같다', 이 말이 바로 과유불급(過猶不及)이다. 그런데 과유불급을 '지나친 것은 모자란 것만 못하다'라고 알고 있는 사람이 많다. 방송에서도 잘못 인용되는 경우가 다반사다. 유(猶)는 '오히려'의 의미도 있고 '같다'라는 뜻도 가지고 있다. 공자의 손자인 자사가 쓴 《중용》이라는 책이 있다. 이 책은 《논어》, 《대학(大學)》, 《맹자(孟子)》와 함께 중국의 4대 철학서의 하나로 평가받고 있다. 중용의 '중'은 한쪽으로 치우치지 않는다는 것을 말하고 '용'은 평상심을 의미한다. 인간이 본성을 따라 행동하는 것이 도이며, 도를 연마하는 것을 궁리라고 하는데, 자사의 책 《중용》은 이것을 연구한 책이다.

동양뿐 아니라 서양에서도 중용의 가치를 중요하게 여겼다. 유대인의 삶의 지혜를 담은 《탈무드》에는 우리가 살아가면서 지나치지 않고 적당히 해야 하는 여덟 가지를 이야기하고 있다. 여행, 여자, 돈, 일, 술, 잠, 약, 조미료가 바로 그것이다. 이 여덟 가지는 적당히 하면 인생을 즐겁게 하는 활력소가 되지만 지나치면 인생이 고단해질 수 있다.

마치 커피에 설탕을 적당히 넣으면 가장 맛있는 커피를 즐길 수 있지만 많이 넣으면 오히려 역겨운 단맛이 되는 것과 마찬가지다. 맛있기로 유명한 베트남의 하노이 커피는 연유를 듬뿍 넣어주는데, 단맛을 싫어하는 나도 잘 조화된 그 맛을 즐긴다. 특히 호안끼엠 호수 부근에 있는 카페에서 마시는 하노이 커피란! 달지만 조화된 맛에 푹 빠진다. 중용의 결과다.

캄보디아 씨엠립을 가면 꼭 들르는 장소가 두 곳 있다. 한 곳은 반데스레이이고 다른 곳은 따프롬이다. 씨엠립의 유적 중에서 가장 처연한 느낌을 주는 곳이 따프롬이다. 천 년의 세월을 지나온 석조 사원은 나무에 잠식당하고 말았다. 그런데도 용하게 버티고 있는 건 나무와 돌의 절묘한 균형 때문이라는 생각이 들었다. 이것을 그대로 두는 건 방치가 아니라 자연이 건축물을 어떻게 파괴하는가를 보기 위해서라나. 섣불리 복원하려다가 오히려 망치는 수도 있으니 말이다. 거대한 나무들이 석조 사원을 휘감고 있는 걸 보면 자연에 대한 경외심이 저절로 우러난다. 거기서도 중용의 미학을 배운다. 만약 캄보디아 여행을 계획하고 있다면 따프롬에서 하루를 보내면서 천천히 하나하나 둘러보라. 인공과 자연이 어떻게 조화를 이루고 있는지, 자연의 힘이 얼마나 대단한지를 보라. 하루라는 시간이 전혀 아깝지 않다. 여러 군데 돌아다니는 것보다 더 가치가 있다.

인삼이 몸에 좋다는 건 상식이다. 음양의 조화를 이루어주기 때문이라고 한다. 우리 몸은 음양의 조화가 이루어졌을 때 건강하며 이 조화가 깨지면 병이 생긴다. 관상에서도 음양의 조화를 중요하게 여긴다. 일도 마찬가지다. 그대가 무슨 일을 하든지 항상 중용과 균형을 생각하길 바란다. 일 중

세 번째 스물이 두 번째 스물에게

독이 되는 것도 곤란하지만 일을 적당히 하는 것도 문제다.

회사에 다닐 때 함께 일했던 디자이너 한 명은 휴가를 가도 금방 돌아오곤 했다. 일주일 휴가를 냈는데 닷새째 되는 날 사무실에 나왔다. 빵을 사들고 지나는 길에 들른 거라고 했지만 그건 핑계였다. 회사에 안 나오고 집에 있으니 왠지 불안하고 궁금했던 것이다. 워크홀릭이라기보다는 소속감에 대한 불안증세 같았다. 결국 그날은 퇴근시간까지 함께 지내다가 갔다. 일과 휴식의 균형을 맞추지 못한 결과다.

일과 휴식의 균형을 못 맞추고 지나치게 일에만 무게 중심을 두면 몸과 마음이 병들기 쉽다. 알고는 있어도 현실에서는 쉽지 않은 일이다. 주변을 둘러보면 지나치게 일에 몰두하는 사람들을 많이 본다. 자발적인 몰두라면 피곤함이 덜하겠지만 어쩔 수 없이 무리해서 일을 하는 경우라면 건강을 해치는 것은 물론 마음도 균형이 무너져 병들게 된다.

일에 있어서 가장 좋은 건 무엇일까? 내 대답은 명료하다.
잘하고 좋아하는 일을 하라!

내가 잘하는 일을 내가 좋아서 한다면 금상첨화다. 일의 능률은 물론 일에서 보람을 찾을 수 있고 돈과 명예도 저절로 따라온다. 잘하긴 하는데 좋아하지 않는다면 좋아하도록 노력해봐야 한다. 그래도 좋아지지 않는다면 그 일을 포기하라. 마찬가지로 좋아하기는 하는데 잘하지 못하면 잘하도록 노력해야 한다. 아무리 노력해도 잘하지 못하면 이 역시 버려야 한다.

좋아하는 것과 잘하는 것. 이 두 가지 조화는 마흔 살 이후의 일에서 특히 가장 중요한 점이다. 직장에서 나와 독립하고자 할 때 무엇을 할지 고민한다면 이 점을 명심하길.

설득의 무기,
말

그 어떤 말이라도 의미를 가진다면

그것은 우리를 변화시킬 것이다.

⊚ ⊚

'말이 씨가 된다.'

이 속담은 사실 참 무서운 말이다. 말이 씨가 된다면 우리가 매일 하는 말은 정말 조심해야 한다. 요즘 페이스북 같은 SNS에서 서로 댓글을 잘못 달았다가 원수처럼 지내는 사람들을 많이 봤다. 말 한 마디가 천 냥 빚을 갚기도 하고 원수를 만들기도 한다.

'말이 씨가 된다'는 속담은 언령신앙(言靈信仰)의 영향을 받은 것이다. 언령이란 말이 가지는 힘이다. 말에는 에너지가 있다. 같은 병에 걸려도 믿음이 가는 의사가 "당신은 살 수 있어. 힘 내!"라고 하면 정말 살 수도 있고, 인상이 험악한 의사가 "당신은 죽을 거야!"라고 하면 정말 죽을 수도 있다. 일종의 플라시보(placebo)효과다. 플라시보란 약학에서 나오는 용어로 심리적 효과를 얻기 위해 사용하는 비활성 약을 말한다. 보통 젖당, 녹말, 우유 등을 사용하는데, 어떤 약물의 효과를 시험하거나 환자를 안심시키려고 할 때 활용한다. 가약(假藥) 혹은 위약(僞藥)이라고도 한다.

말에는 영혼이 깃들어 있어 불가사의한 힘이 있다는 믿음이 언령신앙인데, 우리나라를 포함한 동북아시아에 공통적으로 나타나는 오랜 전통이다. 어떤 말을 어떻게 누구에게 하느냐에 따라 말에 깃든 혼이 길흉화복을

좌우하고 사람의 운명을 결정한다는 것이다.

　일본의 경우도 고대로부터 말에는 신비한 힘이 있고 그 말이 현실에 영향을 미친다고 생각해왔다. 그래서 좋은 말을 하면 행복이 오고 나쁜 말을 하면 불행이 온다고 믿고 있었다.

　이름에도 언령이 있다고 믿었다. 남자가 여자의 이름을 부르는 것 자체가 사랑 고백이거나 청혼이라고 생각했다. 여자가 자기 이름을 남자에게 가르쳐주면 그것은 남자를 받아들이겠다는 의미로 해석되었다. 불교의 염불이나 기독교의 기도문도 사실은 언령의 힘을 믿고 하는 것이다.《반야심경》의 '아제아제바라아제'나 '나무아미타불'을 외우거나 반복하면서 스스로 힘을 얻는 것이다. 기독교에서 아멘이나 주기도문을 낭독하는 것도 믿음을 강화하는 방법 중 하나다.

　동북아시아뿐만 아니라 다른 지역에서도 언령의 힘을 엿볼 수 있는 전통이 있다. 지금도 원시생활을 하는 종족들은 노래를 하거나 주문을 통해 소원을 빈다. 하늘이나 자연의 신에 제사를 지낼 때 제사장은 늘 주문이나 노래를 통해 염원을 표현하고 있다.

　불교의 염불이나 기독교의 기도, 예로부터 내려오는 노래 등에는 이러한 언령신앙이 녹아 있다. 세종대왕이 훈민정음을 창제하고 〈용비어천가

(龍飛御天歌)〉를 지은 것도 마찬가지다. 〈용비어천가〉는 조선을 세우기까지 목조, 익조, 도조, 환조, 태조, 태종의 업적을 중국 고사(古事)에 비유해서 만든 노래다. 이를 통하여 조선왕조의 무궁한 번창을 기원했다. 언어의 힘을 믿은 것이다.

우리도 예로부터 언령신앙의 전통이 있었다. 우리의 선조들은 특히 말조심을 강조했다. 새해가 되면 덕담을 나누었는데 특히 설날부터 대보름까지의 기간에는 나쁜 말은 하지 않고 다른 이가 기분이 좋아지도록 덕담만 하는 풍습이 지금까지 내려온다. 술자리에서 '위하여!'를 외치거나 여러 가지 건배사를 하는 것도 언령의 힘을 믿기 때문이 아닐까. 한번은 이런 전화가 왔다.

"우리 회사 쇼호스트들을 상대로 강의 부탁드립니다."
"쇼호스트요? 무슨 강의를?"
"말 잘하는 법이요."
"쇼호스트를 상대로 말 잘하는 법을 강의해달라는 말씀인가요?"
"네 맞습니다."

전화를 받고 나서 나는 잠시 멍했다. 홈쇼핑 쇼호스트를 상대로 말 잘하는 법을 강의하라니? 말 잘하기로 유명한 사람들이 홈쇼핑 쇼호스트 아

두 번째 스물, 그대는 이미 잘하고 있다

닌가? 그런 사람들에게 뭘 알려주라는 건지 처음엔 의아해했다. 그럼에도 결국 쇼호스트를 상대로 몇 번이나 말 잘하는 법을 강의했다. 듣기 좋은 목소리, 호감 가는 외모, 청산유수처럼 말 잘하는 그들에게 필요한 건 말 잘하는 기술이 아니라 설득력이었다.

문제는 설득력이다. 설명이 지난 이야기를 하는 것이라면 설득은 현재에서 미래까지 어떤 행동을 하게 하는 커뮤니케이션이다. 우리는 대개 설명을 하려고 한다. 지나온 이야기를 하려고 한다. '내가 예전에 말이야……' 라고 하면서. 예전에 뭘 했든 그건 중요하지 않다. 앞으로 무엇을 할 것인지, 무엇을 할 수 있는지가 중요한데 말이다. 내가 고등학교 동창회에 잘 나가지 않는 이유도 실은 이 때문이다. 기업이나 공직에서 퇴직한 친구들이 모여서 주로 옛날 이야기를 한다. 잘 나가던 시절의 이야기로 열을 올린다. 별로 궁금하지도 않고 공감도 안 되는 이야기를 말이다. 난 그게 싫다.

광고 카피는 설득커뮤니케이션이라고 한다. 기업이나 제품, 서비스를 소비자에게 효과적으로 설득하는 언어 커뮤니케이션 수단이 카피인 것이다. 그래서 설득커뮤니케이션에 대해 공부를 많이 해야 한다. 내가 학교와 기업에서 강의하는 것도 주로 이 부분이다.

커뮤니케이션에는 송신자가 있고 수신자가 있다. 지금 이 책을 쓰는

나는 송신자이고 이 글을 읽는 그대는 수신자다. 그 사이에는 매개물이 있다. 책과 글이라는 매개물이 송신자와 수신자를 이어준다. 그런데 설득커뮤니케이션을 잘하려면 몇 가지 조건을 충족해야 한다.

첫째는 커뮤니케이션의 수단을 잘 알아야 한다. 인간이 가진 수단에는 보디랭귀지와 언어 그리고 예술 형태가 있다. 가장 기본은 보디랭귀지다. 표정과 행동에서 진심이 우러나야 한다. 그다음이 말과 글이고 음악이나 미술 등 여러 가지 예술 형태도 우리가 가진 수단이다.

둘째는 매개물에 대한 이해가 필요하다. 직접 말로 하고 귀로 듣는 경우도 있고 전화, 메일, 파워포인트 등으로 전달하는 경우도 있다. 사용하는 여러 가지 매개물의 특성과 활용법을 잘 알아두는 것이 필요하다.

셋째는 소음의 문제다. 소음은 단순히 시끄러운 소리만을 뜻하지 않는다. 커뮤니케이션을 방해하는 것은 모두 소음이 된다. 소음은 객관의 소리가 아니라 우리 마음에 있는 주관의 소리다. 좋아하는 사람과 이야기를 하면 주위의 소리가 들리지 않는다. 소음은 집중할 때 해결된다.

넷째는 수신자 상태다. 특정 소수가 가장 커뮤니케이션이 잘 되고, 특정 다수, 불특정 소수, 불특정 다수 순으로 커뮤니케이션의 난이도가 결정된다.

마지막으로 정보 검색이다. 우리는 필요한 것만 듣고 기억할 뿐 그렇지 않은 것은 들으려고도 하지 않고 기억도 안 한다. 내가 전달하는 정보가 상대방에게 필요한 것이 되도록 전환하는 능력이 필요하다.

(이상의 설득커뮤니케이션에 대한 자세한 설명은 필자의 책 《카피라이팅》을 참고해도 좋다.)

말을 잘해야 한다는 것은 화려한 말솜씨가 아닌 설득력 있는 언어 구사 능력을 길러야 한다는 의미다. 나를 알리고 상대가 나를 믿을 수 있게 해야 한다. 커뮤니케이션의 다섯 가지 조건을 잘 알아두고 이를 활용하도록 하자.

아침형 인간,
올빼미형 인간

Mind the gap.

틈을 조심하세요.

_ 영국 지하철 안내방송문

㊉ ㊉

　나는 아침형 인간이 아니다. 야간형 인간이다. 올빼미형 인간이다. 보통 새벽 3시쯤 자고 아침 9시에 일어나는 규칙적인 생활을 한다. 원고를 쓰거나 카피를 구상하는 등 주로 전략적 접근을 기획하는 시간이다. 낮에는 일이 안 된다. 누군가를 만나거나 여행을 하거나 책을 읽거나 영화를 본다. 빈둥거리다가 결국 밤 열두 시가 되어야 정좌하고 자판에 다가간다. 그 시간이 되어야 머리가 돌아가고 손가락이 움직이며 글도 줄줄 나온다. 감성적인 글은 더욱 효과를 본다. 이 시간에 내 안의 감성적 능력이 튀어나오나 보다.

　아침에 눈을 일찍 뜨지 않으니 아침의 상쾌함과는 거리가 멀다. 물론 학교 강의가 있는 날이나 조찬모임(누가 이런 걸 만들었을까? '좋잖은' 모임이다)에 참석하려면 알람을 일찍 설정해야 한다. 한 번은 불안하니 두세 번 설정한다. 자의적이 아닌 알람에 의존하는 것도 나는 싫다. 일어나는 시간은 괴로움이다. 이제 와서 이런 시간습관을 고칠 마음은 없다. 가장인 내가 이러니 가족들 라이프 사이클이 나처럼 바뀌었다. 딸처럼 같이 사는 애완견의 잠습관도 나를 닮아간다.

　느지막하게 일어나 신문을 보고 브런치를 먹는다. 하루 두 끼만 먹으

니 얼마나 좋은지. 두 끼만 먹어도 전혀 문제가 없다. 식량도 아끼고 다이
어트에도 좋다. 브런치 이후에 일이 있으면 차를 몰고 나가니 길도 안 막히
고 드라이브를 즐길 수 있다. 집에 돌아올 때도 정체 시간을 피해 시원하게
달릴 수 있다. 몇 년 전 일본의 사이쇼 히로시가 쓴 책 《아침형 인간》은 우
리나라에서도 베스트셀러가 되었었다. 아침형 인간이 되고 싶은 사람이 그
만큼 많았던 것일까? 요즘 이렇게 살라, 저렇게 살라며 가르치는 성공처세

술 책이 너무 많다. 마치 건강식품처럼 현혹시키지만 지나 보면 쓸데없는 경우가 많다. 어느 건강식품이 자기 제품이 안 좋다고 하겠는가? 정력에도 좋고 당뇨병에도 좋고 고혈압에도 좋다고 한다. 만병통치약이 따로 없다. 원래 만병통치약이라고 우기는 약은 대부분은 만병효과무다.

멘토도 그렇다. 멘토라는 말은 오디세이아(Odyssey)에 나오는 오디세우스의 충실한 조언자의 이름에서 유래되었다. 믿을 수 있는 현명한 지도자나 스승을 의미한다. 지도자나 스승이 어디 만만한가? 멘토가 될 만한 책을 쓰거나 강연을 하는 건 그래서 쉽지 않다. 어떤 분야에 대해 좀 안다고 남을 가르치는 책을 쓰고 잘난 척 강연도 하는 사람들이 많은 게 우리의 문제 중 하나다. 그러면서 양심에 어긋나는 일을 태연하게 저지른다. 남의 논문을 베끼거나 친구나 제자를 등치기도 한다. 시간이 좀 지나면 언제 그랬냐는 듯 또 대중 앞에 나타나고. 그들이 진정한 멘토가 될 수 있을까? 대부분 장삿속이라는 걸 알아야 한다.

《아침형 인간》이라는 책에서는 아침을 지배하는 사람이 하루를 지배하고 하루를 지배하는 사람이 인생을 지배한다고 한다. 성공한 사람들은 대개 아침에 깨어 있었다는 사례도 들고 있다. 맞는 말이다. 이 책은 나름대로의 가치가 있다. 그렇다고 그들을 그대로 따라하면 그들만큼 성공할 수 있을까?

이 책에서는 당연히 아침형 인간이 성공한다고 강조한다. 우리가 보람 있게 살려면 변화를 추구해야 하고 그 변화가 나한테 맞도록 하기 위해서는 100일의 시간이 필요하다고 한다. 이 책이 나온 지 꽤 오래되었는데 이 책 덕분에 아침형 인간이 되고 그래서 인생이 많이 달라진 사람이 얼마나 될까? 나는 이 책을 읽지 않았다. 뻔한 내용이기도 하거니와 내 라이프 사

세 번째 스물이 두 번째 스물에게

이클을 바꿀 필요가 없었기 때문이다.

아침형 인간을 찬양한 사람도 많다. 쇼펜하우어는 '늦게 일어남으로 인해 아침을 죽이지 말라'고 강조했고, 영국에는 '아침 시간은 황금을 몰고 온다'라는 속담이 있기도 하다.

아침형 인간이 좋다면, 그게 잘 맞는다면 그렇게 하는 것이 좋다. 그러나 올빼미형 인간이 편하다면 굳이 바꿀 필요는 없다. 나처럼 밤이 되면 머리가 잘 돌아가고 글이 잘 써지는 사람이라면 올빼미형을 버릴 필요가 없다. 대개의 작가들이나 예술가는 밤에 일하는 경우가 많다. 왜 그런지 생각을 해보라.

세상에는 하나의 법칙만 존재하는 것이 아니다. 자기만의 법칙과 룰을 만드는 것이 필요하다. 남이 만들어준 룰을 따라하는 것은 남의 인생을 사는 것이다. 현대카드 광고에는 'Make your rule'이라는 카피가 있다. 나이키 광고에는 이런 카피가 있다.

'나약함에 안주하지 않는 용기를
가지 않는 길을 선택할 용기를
무엇보다 세상의 편견에 도전할 수 있는 용기를
make your own rules.'

이런 카피 몇 줄이 멘토를 강조하는 책보다 낫다. 그대가 가져야 할 자유를 향한 용기와 변화에 대한 열정을 옷장 속 옷걸이에 걸어두지 말라. 옷은 입어야 제 값어치를 하듯이 열정과 용기는 행동할 때 빛나는 법이다. 열정과 용기는 아침에만 있지 않다. 그것은 시간과 장소를 구애받지 않는다. 자신이 가장 좋아하는 시간을 찾아내라. 그래야 내 삶을 살 수 있다.

밤이 주는 그 적막함과 침잠의 시간이 나는 좋다. 나는 시끄러운 장소를 참지 못한다. 그리고 환한 시간에 나를 탐구할 능력이 없다. 그래서 아침형 인간의 장점만을 강조하는 통상적인 구호에 동참할 마음이 없다. 군이 침잠으로 자신의 삶을 굳세게 가꾼 프랑스 영성가 잔느 귀용의 예를 들지 않아도 밤에 인류의 역사와 사랑을 빛나게 한 예도 많다.

세 번째 스물이 두 번째 스물에게

경쟁이
있다는 것

우리의 삶은 끊임없이 다른 사람들의 영향을 통해 빚어진다.

_조이스 럽《느긋하게 걸어라》중에서

설악산 권금성.

케이블카를 타고 올라가면 까마득한 정상에서 눈앞에 펼쳐진 경관을 감상할 수 있다. 설악산은 여러 각도에서 다양한 경치를 즐길 수 있어서 참 좋다. 대청봉의 운해, 마등령의 가을, 비선대의 계곡 등 절경이 많다. 울산 바위도 그중 하나다. 울산바위는 울산에서 금강산으로 가던 바위가 멈췄다는 전설이 있다. 권금성에도 토끼와 거북이의 이야기를 연상하게 하는 돌이 있다. 거북이가 정상을 향해 가고 있고 토끼는 그 뒤에서 잠든 모습을 보여준다. 설명을 듣지 않고는 알기 힘들어 대부분의 사람들은 잘 모른다. 예전에 거기서 일하던 사진사가 알려주었다. 요즘은 누구나 카메라를 들고 오고 스마트폰으로도 많이 찍기 때문에 관광지의 사진사는 많이 사라졌다.

그 사진사는 신나게 설명을 했지만 토끼와 거북이가 설악산에서 경주를 벌였을 리가 없다. 《이솝우화》에 나오는 이야기이기 때문이다. 성실한 사람은 거북이를, 게으른 사람은 토끼를 연상하게 하는 것이 이 우화의 교훈이다. '뚜벅뚜벅 걷는 것이 경쟁에서 이긴다'라고 《이솝우화》는 말한다. 어떤 사람들은 거북이가 공정하지 않다고도 말한다. 잠든 토끼를 깨우지 않고 그냥 지나친 것은 공정한 경쟁이 아니라는 뜻에서다. 다른 한편으로는 '상대방의 약점을 이용해서 내가 이기는, 이 우화가 정말 교훈적일까? 이렇게 이기는 것이 옳다고, 아이들에게 가르치는 것이 맞나?' 하는 의구심도 든다. 느릿느릿하게 걷는 거북이에 비교하면 토끼는 정말 빠르다. 그렇게 빠르다면 중간에 잠도 좀 자고 쉬기도 하는 것이 인간적이다. 죽자고 목표를 향해 달려가는 인간들에게 토끼는 여유를 가지라고 충고하는 게 아닐까?

경쟁은 정정당당하게 벌이는 게 좋다. 비록 내 힘이 경쟁자보다 약해서 지게 된다고 하더라도 경쟁은 공정해야 한다. 그래야 경쟁에서 지더라도 배우는 것이 많기 때문이다. 물론 경쟁에서 이기면 좋다.

인간은 잉태의 순간부터 경쟁의 시작이다. 수억 마리 정자 중에 하나만이 난자에 골인하는 것부터가 경쟁이다. 정자들은 공정하게 경쟁한다. 토끼처럼 중간에 자는 정자가 있을까? 경쟁으로 잉태된 우리이기에 태어나서도 경쟁 속에서 살고 경쟁의 본능을 가졌는지도 모른다. 하나의 정자가 다른 정자의 도움을 받아서 골인한다는 학설도 있다. 경쟁보다 협조라는 이야기다.

경쟁과 질투는 구분해야 한다. 볼테르는 '경쟁심은 재능의 양식이고 질투는 마음의 독극물이다'라고 했다. 질투심을 경쟁심으로 착각하기 때문

두 번째 스물, 그대는 이미 잘하고 있다

에 정정당당하지 못하고 공정하지 않은 결과를 낳는 것이다. 경쟁과 질투는 남자를 강하게 하고 여자를 아름답게 만든다. 경쟁과 질투가 발전의 계기가 되지 못하고 비방이나 투쟁으로 변질되면 그건 곤란하다. 경쟁은 그 자체가 악덕은 아니다. 문제는 그 방법에 있다.

우리에게 경쟁자가 있다는 건 좋은 일이다. 경쟁은 같은 목적을 향해 서로 이기거나 앞서려고 겨루는 것이다. 둘 이상의 사람이나 집단이 무언가를 놓고 겨루는 것을 말한다. 경쟁은 자연발생적이다. 제한된 자원을 가진 환경에서 공존하는 생물 사이에 자연스럽게 일어나기 때문이다. 동물은 먹잇감과 짝짓기를 대상으로 경쟁을 한다. 사람은 부, 명예, 신임, 여자나 남자 등을 두고 경쟁한다.

미국의 진보적 교육학자인 알피콘은 그의 저서 《경쟁을 넘어서》에서 인간의 경쟁을 두 가지로 구분하였다. 하나는 구조적 경쟁이며 다른 하나는 의도적 경쟁이다. 구조적 경쟁은 상황에 관한 것이고, 의도적 경쟁은 태도에 관한 것이다. 구조적 경쟁은 누가 이기느냐 하는 승패로 나타나고, 의도적 경쟁은 우리의 내부에서 일어나며 1등이 되려는 욕구가 표현되는 것이다. 문제는 구조적 경쟁에서 내가 이기려면 상대방은 실패해야 한다는 점이다. 경쟁의 문제는 여기서 시작된다. 의도적 경쟁은 자신의 내부에서 일어나기 때문에 자아성취의 에너지가 된다. 물론 이것도 여의치 않을 때

좌절감을 느끼거나 자기 비하에 빠질 수 있다.

알피콘은 개인과 사회의 발전을 위해서 경쟁이 반드시 필요한 것은 아니라고 한다. 그는 인간이 가지는 경쟁심은 학습에 의해 형성된 것이지 태생적으로 가진 것은 아니라고 주장한다. 인간은 적자생존의 유전자를 갖고 태어난다는 주장과는 상반되는 말이다. 무언가를 잘하려는 욕구와 승부를 내야 하는 것은 엄연히 다른데, 우리가 잘하려는 욕구를 승부로 겨루려고 하기 때문에 잘못된 경쟁심이 생긴다는 것이다.

어린이에게도 상벌제도는 잘못된 경쟁 심리를 형성하게 한다. 당장 눈앞에 보이는 결과만으로 상벌을 행하면 상벌에 대한 보상심리가 강화되고 부정적인 태도가 생길 수 있다. 그런 태도를 가진 채 성인이 되면 잘못된 경쟁심으로 인생을 낭비하고 투쟁적으로 살아가게 된다. 경쟁이 아니라 주어진 환경에서 자신의 능력을 최대한 발휘하는 것이 바람직하다.

애정이 개입된 삼각관계에서 이루어지는 경쟁은 우리의 삶에서 자주 발생한다. 어린 시절 나타나는 오이디푸스 콤플렉스는 아이가 한쪽 부모의 사랑을 얻기 위해 다른 쪽 부모와 경쟁하는 현상이다. 이런 경쟁은 잠재기, 청소년기 그리고 성인기의 전체 발달 과정 동안 계속되고 가족관계뿐만 아니라 다른 이와의 관계에서도 나타난다. 아동기에 겪은 경쟁 경험은 성인이 되었을 때의 경쟁에서도 그대로 나타난다. 어릴 적 잘못 겪은 경쟁심이 성인이 된 후 공격적으로 바뀌어 지나친 승부욕으로 나타나기도 한다. 영화나 드라마에서 자주 다루는 경쟁은 그 강도가 지나쳐 스스로 파멸을 부르기도 한다. 손해를 보더라도 경쟁에서 이기려는 단 하나의 이유 때문에 자신을 나락의 길로 몰아가기도 한다.

마흔 살의 그대에게는 경쟁을 통해 서로 좋은 결과를 낳게 하는 친구나 경쟁자가 필요하다. 반드시 승자와 패자가 나뉘는 경쟁만을 지향해서는 안 된다. 특히 같은 분야의 일을 하는 경쟁자는 훌륭한 선생이나 동료가 될 수 있다. 경쟁자가 없으면 나태해지거나 창의력에 문제가 생길 수 있고 새로운 것을 추구하지 않게 된다. 경쟁자가 있고 그를 존중할 때 자신의 능력이 최대한 발휘되며 결과적으로 이익이 돌아온다. 경쟁적 요인이 많은 개인이나 사회일수록 발전의 탄력성이 생기는 것이다. 좋은 상대와 경쟁을 하면 어떤 점이 유익할까?

1. 경쟁을 통해 서로 발전할 수 있다.
2. 경쟁 속에서 새로운 아이디어를 얻을 수 있다.
3. 경쟁심을 가질 때 나태함을 막을 수 있다.
4. 경쟁의식은 자신의 새로운 가치를 발견하게 한다.

두 번째 스물, 그대는 이미 잘하고 있다

서로 이익이 되고 더 나은 결과를 자극하는 경쟁자를 가진다는 것은 행복이다. 진정한 경쟁자는 상대방의 몰락을 바라지 않는다. 오히려 성공을 바란다. 흔히 말하는 선의의 경쟁도 필요하다. 경쟁이 없으면 개인의 발전은 물론 사회의 발전도 기대할 수 없다. 경쟁은 남자를 강하게 만들고 여자를 아름답게 하는 힘이다.

세 번째 스물이 두 번째 스물에게

기획력의 승리

여자의 마음을 열려면

생각지 못한 때에

생각지 못한 선물을 하는 거야.

_ 영화 〈파인딩 포레스트〉 중에서

◎ ◉

'절대적이다', '객관적이다'와 같은 말을 나는 잘 믿지 않는다. 모든 건 상대적이고 주관적이라는 믿음을 가지고 있다. 시간과 공간, 가치관도 극히 주관적이다. 좋아하는 사람과 같이 있으면 한두 시간이 금방 지나가지만 싫어하는 사람과 함께일 때는 10분도 지겹다. 시간은 주관적이다. 공간도 마찬가지다. 사랑하는 사람과는 계단에 앉아서도 즐거운 대화를 나눌 수 있지만 지겨운 사람과는 일류 호텔 커피숍도 별로다. 중요한 건 누구와 함께 하느냐지 언제 어디서 하느냐가 아니다. 언제 어디서보다 누구와 어떤 시간을 보내느냐 하는 판단력이 바로 기획력이다. 같은 이야기라도 상대방이 좋아하도록 만드는 것이 기획의 힘이다.

같은 음식을 두고 맛이 있다 맛이 없다는 평가는 상당히 주관적이다. 물론 주관이 모이면 객관화가 가능하지만. 성남의 모란시장에서 나는 기막히게 맛있는 국수를 먹은 적이 있다. 국물 맛은 평범한 듯한데도 입에 착착 감기고 면발 역시 쫄깃한 식감이 입안을 행복하게 한다. 특히 국수를 만드는 아줌마의 손길이 대단하다. 적당한 반죽과 능숙한 칼질로 먹기 좋은 면발의 굵기를 만들어낸다. 이 국수집을 먼 곳에서 일부러 찾아오는 사람들도 많다. 국수를 만드는 아줌마의 요리법은 간단하다. 손님들이 원하는 국물맛과 국수의 식감을 찾아내 그것을 구현해내는 것이다. 아줌마의 국수에도 기획이 있다.

　예전에는 광고나 영화 산업, 제품개발 등에서만 쓰이던 기획이라는 단어가 이제 보편화되었다. 모든 일에 기획력이 필요해졌고, 모든 일이 기획에서부터 시작된다. 기획력이 없이는 그 어떤 일도 제대로 해낼 수 없게 된 것이다.

　《기획력》이라는 책이 있다. 일본의 나카타니 아키히로라는 유명한 저자가 쓴 책이다. 나카타니 아키히로는 와세다대학교를 졸업한 후 젊은이들에게 필요한 책을 많이 썼다. 배우이기도 한 그는《20대에 하지 않으면 안 될 50가지》,《30대에 하지 않으면 안 될 50가지》 등을 썼고, 그가 쓴 책들은 일본과 한국에서 동시에 베스트셀러가 되기도 했다.

　《기획력》에서는 기획이 특별한 사람의 전유물이 아니라 평범한 사람도 얼마든지 할 수 있는 것임을 강조하면서 기획의 방법을 알려준다. 평범한 사람의 사소한 생각에서 기획이 시작된다는 저자의 말에 나도 동의한다.

　나는 유명 광고회사에서 제작실장으로 오랫동안 일했고, 프리랜서로 20년 이상 일을 했다. 내가 하는 일은 모두 기획과 관련된 일이다. 광고, 홍

보, 마케팅에서 어떻게 소비자를 설득할 기획을 하고 그걸 카피라이팅이나 크리에이티브로 표현하는가가 나의 일이다. 나의 경험과 나카타니 아키히로의 주장을 요약하여 기획 방안 열 가지를 소개한다.

첫째, 기획은 소비자의 마음속에서 출발한다. 소비자의 욕구를 파악하는 것이 기획의 시작이다. 그러므로 늘 소비자를 만나고 소비자의 욕구가 무엇인지 파악해야 한다. 요즘 소비자의 욕구는 필요에 의해 일어나는 니즈(Needs)가 아니라 소유 욕구로 생기는 원츠(Wants)가 중요하다.

둘째, 타깃을 줄여라. 모든 이를 위한 기획은 존재하지 않는다. 특정 소수를 상대로 하는 기획이 성공 확률이 높다. 타깃의 확장성은 저절로 이루어진다.

셋째, 고정관념에서 벗어나라. 고정관념은 아이디어의 적이다. 지금까지 있었던 일들을 파괴하라. 상식을 엎어라. 거꾸로 생각하라. 남들이 다 옳다고 하는 것을 다르게 보라. 거기에 새로운 기획의 길이 있다.

넷째, 단점을 보라. 그것이 회사든 제품이든 서비스든 사람이든, 단점을 뒤집는 아이디어를 찾아라. 단점은 장점을 이길 수 있다. 문제점에서 기회를 찾는 것이야말로 기획력의 승리다.

다섯째, 위기는 기회다. 위기라는 말은 위험과 기회의 약자다. 위험을 기회로 만드는 일이야말로 기획의 절정이다. 보통 위기를 맞으면 도망가거나 다른 길을 찾는데, 위기야말로 기획력을 필요로 한다는 것을 잊지 말라.

위기 속에 기회가 숨어 있다. 그걸 찾아라.

여섯째, 단발이 아니라 캠페인이 되도록 하라. 단발로 끝나는 것은 기획이 아니다. 단발은 영어로 'One offs'라고 한다. 한번 하고 끝내는 것이다. 장기적으로 보고 캠페인이 되어야 기획은 갈수록 힘을 받는다.

일곱째, 오감을 자극하라. 우리가 가진 시각, 청각, 미각, 후각, 촉각 등 오감은 물론 육감(六感)까지 동원하라. 인간은 공감각에 의해 서로의 감각을 공유하고 있다. 오감을 모두 자극하는 기획이어야 입체적인 것이 된다.

여덟째, 넓이보다 깊이에 초점을 맞추어라. 메뉴가 많은 식당은 맛이 없는 법이다. 한 가지에 집중하라. 두 마리 토끼를 좇지 마라. 기획은 한 마리의 훌륭한 토끼를 잡는 것이다.

아홉째, 혁신적인 아이디어를 찾아라. 고객이나 윗사람이 '뭐 이런 것이 다 있나' 할 정도로 혁신적인 기획을 하라. 평범한 것은 절대 기획이 아니다. 평범한 것을 비범하게 만드는 것이 기획력이다.

열째, 기획은 새로운 발명이 아니라 '바람직한 방향으로의 변화'임을 염두에 두어라. 발명보다 중요한 건 발견이다. 사실 대부분의 발명은 발견이다. 발견이 없는 기획은 종이와 활자로서의 역할만 한다.

광고기획에서는 다음의 세 가지를 중요하게 여긴다. 즉 '누구에게, 무엇을, 어떻게'라는 세 가지를 기획의 중요 항목으로 여긴다. 기획은 타깃을 명확하게 해야 한다. 광고 캠페인이나 카피라이팅에서 타깃이 명확하지 않으면 실패로 이어진다. 그다음은 무엇을 이야기하느냐인데, 이는 콘셉트나 주제라고 표현할 수 있다. 무엇을 말하는지 알 수 없는 명확하지 않은 기획을 많이 본다. 포인트가 없고 말만 많은 것은 기획의 정도가 아니다. 흔히 크리에이티브라고 하는 '어떻게'는 무엇을 설득하기 위해 새롭고 놀라운 표현을 찾는 것이다.

이외에도 언제, 어디서라는 문제가 있지만 위의 세 가지만 잘하면 훌륭한 기획이 된다. 기획은 보통 직장 생활을 하면서 배우는 것이지만 마흔 살이 되었을 때는 탄탄한 기획력을 가져야 한다. 그동안 겪은 경험과 인생에 대한 통찰력으로 사람들을 놀라게 하고 설득할 수 있는 기획력을 갖추지 못하면 그대의 마흔은 의미 없는 것이 된다.

두 번째 스물, 그대는 이미 잘하고 있다

포지셔닝의
획득

자전거를 타고 달려와 돌아보면

길이 왜 그렇게 굽어 있는지

분명 반듯하게만 달려왔는데.

_ 영화 〈예의 없는 것 들〉 중에서

   ⓖⓖ

　《손자병법》은 많은 생각과 지혜를 주는 책이다. 나는《손자병법》을 세
번 이상 읽은 사람은 조심하라고 이야기한다. 그만큼 그 안의 지혜는 놀랍
다.《손자병법》은 영어로 'The Art of War'라고 표현한다. 잘 알다시피 고
대 중국의 병법서로 춘추시대 오왕 합려를 섬기던 손무(孫武)가 쓴 것으로
알려져 있다. 전국시대 제나라의 전략가이던 손무의 손자 손빈(孫臏)이 저
자라는 설도 있었으나 현재는《손자병법》과《손빈병법》이 다르다는 것이
밝혀졌다. 즉 손무의 기록이《손자병법》이고, 손빈의 책은《손빈병법》으로
전해 내려온다는 것이 정리된 학설이다.

　《손자병법》에는 여러 가지 이야기가 나온다. 그중에서 나는 다음의 글
을 좋아한다. 현대 마케팅은 사실 알고 보면 이 말에서 크게 벗어나지 않는
다. 손무는 당시에는 전략가였지만, 현대의 관점에서 보면 뛰어난 마케팅
전문가라고 할 수 있다. 이 책의 프롤로그에서 이야기했던 것을 다시 언급
한다.

　　勝兵先勝而後求戰　敗兵先戰而後求勝
　　승병선승이후구전　패병선전이후구승
　　善用兵者　修道而保法　故能爲勝敗之政

선용병자 수도이보법 고능위승패지정

승리하는 군대는 먼저 이긴 상태에서 싸우고 패배하는 군대는 일단 싸운 다음에 승리를 바란다.

먼저 이길 걸 생각한다! 한 마디로 하면 선승구전(先勝求戰)이다. 이것만 잘 익혀두면 복잡한 세상에서 멋지게 살아가는 지혜가 된다. 국가든 기업이든 제품이든 혹은 개인의 성공이든 마케팅 전략을 먼저 생각하는 것이 중요하다. 현대의 마케팅 전략에는 여러 가지가 있지만 나는 포지셔닝을 먼저 고민하라고 조언한다.

포지셔닝(positioning)!

포지셔닝은 1972년 광고회사에서 일하던 알 리스와 잭 트라우트가 처음 사용한 용어다. 좀 어려운 표현이지만 '정위화(定位化)'라고도 한다. 포지셔닝은 소비자의 마음속에 제품이나 기업을 경쟁 상황에서 가장 유리한 위치에 인식되도록 노력하는 과정이나 그 상태를 이르는 말이다. 포지셔닝 전략은 소비자가 원하는 심리적 위치에 자사제품의 위치를 만드는 소비자 포지셔닝, 경쟁자에 대비하여 자사제품의 위치를 만드는 경쟁적 포지셔닝 전략으로 구분한다.

세 번째 스물이 두 번째 스물에게

이미 자신보다 앞서 있거나 명확한 포지셔닝이 된 경쟁자가 있는 경우 이를 활용하여 새롭게 인식시키는 재포지셔닝(repositioning) 전략도 있다. 타이레놀이 아스피린을 향해 안티아스피린(Anti-Aspirin) 캠페인으로 성공한 것이나 코카콜라와 펩시콜라가 선두 경쟁을 벌이는 음료시장에 세븐업이 '콜라가 아니다(Un cola)' 캠페인을 벌인 것이 그 사례다.

그러면 여기서 생각해보자. 그대의 포지셔닝이 있는가? 있다면 무엇인가? 그대는 어떤 사람인가? 한 마디로 표현할 수 있는가? 없다면 재포지셔닝을 할 경쟁자가 있는가? 있다면 누구인가? 재포지셔닝으로 자신을 인식시킬 자신이 있는가? 이런 조건을 따져 보고, 만일 없다면 오늘부터 포지셔닝을 해나가야 한다. 국가든 기업이든 개인이든 포지셔닝이 안 되면 성공의 길은 멀기만 하다.

2002년 한일월드컵을 할 때 나는 월드컵문화협의회에서 홍보자문을 했다. 그때 우리나라 월드컵 조직위원회에서 잡은 콘셉트가 친절, 질서, 청결, 이 세 가지였다. 난 이건 안 된다고 했다. 왜냐하면 이 세 가지는 우리보다 일본이 이미 더 잘하는 것으로 인식된 것이기 때문이었다. 우리나라만의 월드컵이 아니고 일본과 공동으로 하는 대회가 아닌가. 외국인에게 묻기를 한국과 일본 중 어느 나라가 더 친절한가? 대개 일본이라는 대답이 나올 것이다. 그러면 어느 나라가 더 질서가 있는가? 일본이라고 할 것이

고, 청결은 어디가 나은가 물으면 역시 일본이라고 할 것이다. 실제로 그렇든 아니든 그게 문제가 아니고 인식의 문제다. 우리가 아무리 우겨도 이미 일본이 선점해놓은 인식이 쉽게 바뀔 리가 없다. 포지셔닝의 무서운 결과다.

그래서 나는 우리나라의 콘셉트를 '정(情)'으로 하자고 했다. 우리가 비록 겉으로는 친절해 보이지는 않아도 깊은 정이 있는 나라다. 우리의 김치 맛을 보라. 일본 김치와는 그 맛의 깊이가 차원이 다르다. 한 번 맛보면 그 맛에 중독된다. 한 번 경험하면 잊을 수 없는 맛, 그것이 바로 한국의 깊은 정이다. 이런 논리를 펼치자고 했지만 내 의견은 채택되지 않았다. 어느 나라를 가보고 또 가고 싶은 까닭은 그 나라의 유적이나 명소가 아니라 사람이 그리워 가는 것이다. 나는 한국이 가진 깊은 맛과 한국인의 속정을 세계인에게 알리고 싶었다. 결국 월드컵을 치르고 난 후 친절, 질서, 청결이라는 단어는 아무에게도 기억되지 못하는 단어가 되어 버렸다. 지금도 이 단어들의 인식우위는 일본이다.

사람들은 어떤 분야의 1등만을 기억한다. 그대가 인식상에서 1등이 되어야 하는 이유다. 넓은 분야에서 1등이 아니라면 좁혀야 한다. 세계에서 제일 높은 산은 에베레스트지만 두 번째로 높은 산을 아는 사람은 드물다. 인도 카라코람 산맥에 있는 K2라는 걸 아는 사람이 얼마나 될까? 비록 K2가 히말라야 산맥 중에서 가장 오르기 힘든 산이라고 해도 말이다. K2가 뭐냐고 물으면 아웃도어 브랜드만 생각할 것이다. 그럼 세 번째로 높은 산은? 역시 묵묵부답. 답은 칸첸중가다.

다시 질문해보자. 달에 처음 간 사람은 누구일까? 대개 암스트롱이라고 대답한다. 무슨 암스트롱? 그러면 루이 암스트롱이라고 오답이 먼저 나온다. 루이 암스트롱은 재즈 연주가다. 암스트롱 하면 가장 먼저 생각나는 이름이기 때문에 그 대답이 나온다. 달에 가장 먼저 간 사람은 닐 암스트롱이다. 달에 간 두 번째 사람은 누구일까? 우리는 모른다. 기억하고 있지 않다.

이렇게 한 분야에서 1등만 기억되므로 그 자리에 그대의 이름이 오른다면 그게 바로 성공이다. 많은 사람들이 된장과 고추장을 만들지만 '된장 만드는 첼리스트'라고 하면 강원도의 도완녀 씨가 생각날 것이다. 이름은 몰라도 누구인지 감을 잡는다. 우리나라에 많은 카피라이터가 있고 나처럼 최 씨 성을 가진 사람이 많지만 최카피라고 하면 나를 생각한다. 네이버 등에서 검색을 해도 내가 나온다.

피겨의 여왕은 김연아다. '나도 피겨 잘해!'라고 하면서 자기가 여왕이라고 주장하는 선수가 나와도 사람들은 받아들이지 않는다. 김연아 말고 다른 피겨 선수 이름이 생각나는가? 김연아의 이 포지셔닝은 오랫동안 기억될 것이다. 홈런왕이라고 하면 많은 사람들이 이승엽을 생각한다. 더 탁월한 홈런왕이 나오기 전까지. 이것이 그대가 추구해야 할 포지셔닝이다.

두 번째 스물, 그대는 이미 잘하고 있다

외국어,
경험을 담는
그릇

외국어를 모르는 사람은 결국 모국어도 제대로 알지 못할 것.

_ 괴테

　　캄보디아의 수도는 프놈펜이다. 메콩강가의 도시로, 펜이라는 여인이 메콩강에서 불두를 찾아 언덕(프놈)에 올려놓은 것이 어원이 되어 프놈펜이라고 한다. 우리나라에서 캄보디아를 가면 앙코르와트로 유명한 씨엠립을 왕복하는 것이 일반적이지만 나는 프놈펜을 먼저 가보라고 추천한다. 수도의 중심인 왓프놈과 크메르루즈에 의해 학살된 사람들의 장소인 킬링필드도 반드시 가봐야 한다.

　　프놈펜의 거리와 사람들이 사는 모습을 며칠 동안 본 후 씨엠립으로 가면 더 알찬 여행이 된다. 프놈펜에서 씨엠립으로 가는 방법은 여러 가지가 있지만 메콩강을 거슬러 오르는 스피드보트가 멋지다. 버스나 스피드보트를 타면 보통 다섯 시간 걸린다. 스피드보트는 말 그대로 빠르게 달리는 배인데 메콩강의 풍광을 즐기면서 특이한 생활공간인 수상가옥을 지나면 씨엠립에 도착한다.

　　씨엠립에는 앙코르와트를 비롯하여 수많은 유적지가 있다. 앙코르와트는 과거의 모습 그대로 완벽하게 보존되어 있는 대표적인 유적지로 알려져 있다. 캄보디아 국기에도 앙코르와트 그림이 들어 있다. 내가 씨엠립에서 가장 좋아하는 곳은 따프롬과 반데스레이 사원이다.

앙코르 유적지에서 나는 한 무리의 승려들을 만났다. 그들과 이야기를 나누고 싶어도 말이 통하지 않는다. 그중 한 명이 영어 단어로 말을 걸어주어 그나마 서로 웃는 사이가 되었지만 답답하기는 마찬가지였다. 나는 어떤 나라로 여행을 하면 그 나라 말을 어느 정도 배워서 간다. 중요한 몇 가지 말을 아는 것과 모르는 것의 차이가 크다는 것을 알기 때문이다. 현지인들과 친구가 될 수 있는 방법은 언어 소통이 무엇보다 핵심이다. 얼굴과 표정, 미소로도 친구가 된다고는 하지만 한계가 있다. 그건 말이 통하지 않는 사람들의 궁색한 변명거리다. 물론 그냥 지나치는 정도라면 웃는 것이 최고의 소통이긴 하다.

라오스를 여행하기 위해서 라오스 말을 몇 가지 배운 적이 있다. 중국어는 4성이 있지만 라오스어는 8성이 있다. 그것 때문에 한국에서 회화를 배우느라 애를 먹었다. 막상 현지에 가니 8성인지 무언지 구분이 안 됐다. 열심히 '싸바이디(안녕하세요)!'를 말하면서 다녔다.

아프리카를 여행할 기회가 있었다. 동부 아프리카는 공용어로 스와힐리어를 쓴다. 스와힐리어를 몇 마디 배웠다. 가장 많이 쓰는 인사말인 '잠보'처럼 단어들이 주는 어감이 무척 재미있다. 스와힐리어를 몇 개만 알아도 현지인들과 유쾌한 사이가 된다. 영어를 쓰는 사람이 많은 케냐에서도 인사 정도는 스와힐리어로 하면 금방 가까워진다. 케냐 공항에 도착하여

세 번째 스물이 두 번째 스물에게

밖으로 나가는데 현지 코디네이터인 레니가 다가오면서 '헬로~' 하길래 내가 '잠보!' 했더니 이 친구 표정이 금세 환해졌다.

'나꾸펜다 사나'는 '너를 많이 사랑해'이고, 영화 〈라이온 킹〉에 나온 대사로 우리에게도 익숙한 '하쿠나 마타타'는 아무 문제가 없다는 뜻이다. 하쿠나는 없다는 뜻이고 마타타는 문제를 말한다. 케냐를 여행하면서 한 번은 거의 하루 종일 버스를 타고 플라멩고가 많이 서식하는 호숫가 호텔에 도착했는데 엉덩이가 무척 아팠다. 그래서 마중 나온 호텔매니저 아줌마에게 '하쿠나 마타코'라고 했더니 깔깔 웃으며 금세 표정이 부드러워졌다. 정확한 발음인지는 모르겠으나 하쿠나 마타코는 엉덩이가 없다는 뜻이다. 엉덩이가 평평한 아시아인을 얘기하기도 하고 버스를 오래 타서 엉덩이가 아프다는 뜻으로 그렇게 말한 것이다. 이 한 마디 때문에 거기 머무는 동안 호텔매니저와는 친구처럼 지냈다.

케냐는 사파리로 유명하다. 마사이족들의 고장 마사이마라로 사파리를 갔다. 대평원에는 마사이족들이 살고 있다. 케냐에서 코디네이터를 해준 레니한테 스와힐리어 노래 몇 개와 마사이어를 몇 개 배웠다. 마사이족을 만나면 먼저 마사이어로 인사했다. 그러자 그들은 미소를 지으며 다가왔다. 특히 아이들과는 격의 없는 친구가 되었다. 언어의 힘이다. 그들은 스와힐리어를 잘 쓰지 않으므로 내가 마사이어를 좀 더 배웠으면 하는 아쉬

움이 남았다.

일본에는 네 명의 친구가 있다. 두 명은 남자고 두 명은 여자다. 일본에 가면 이들에게 연락을 한 후 만나곤 하는데, 두 여자 중 한 명은 영어를 잘 해서 그나마 말이 잘 통한다. 그런데 한 명은 영어를 못한다. 이 친구와는 더 정겨운 느낌을 갖고 있다. 같이 있으면 기분이 좋다. 내가 썼던 소설의 주인공 느낌이 물씬 나기도 했다. 그러나 내가 일본어를 잘 못하니 우리의 대화에는 한계가 있다. 세이코라는 시계 회사와 비슷한 이름을 가진 이 친구를 만날 때면 매번 일본어를 더 잘 배워둘 걸 하고 후회한다. 둘이 더 많은 대화를 했더라면 더 가까운 친구가 되었을 것이다. 서로 호감을 갖고 있는 남녀 사이이므로 로맨스 비슷한 것도 생겼을 텐데…….

외국어를 아는 것과 모르는 것은 큰 차이가 있다. 특히 영어는 잘하면 좋다. 영어를 할 줄 아느냐 전혀 못하느냐는 기회를 가지느냐 못 가지느냐 로 이어진다. 혼자서 비즈니스를 한다면 더더욱 필요하다. 비즈니스는 물론 여행을 할 때도 영어를 못하면 손해가 많다. 일도 잘 되지 않고 사람을 사귀기도 어렵다.

내가 아는 광고계 후배는 다른 건 몰라도 영어를 정말 잘했다. 회사에서 외국 출장이나 회의가 있을 때는 이 친구가 늘 우선순위였다. 미국의 광고회사에서 연수를 받고 돌아온 이후에는 출세가도를 달리기 시작했다. 다른 회사로 스카우트되기도 하더니 지금은 대학 교수가 되어 활발하게 활동하고 있다. 이 후배의 성공 여정에는 결국 영어의 힘이 작용했다는 생각이 든다. 국제회의에 많이 참석하고 세계의 광고인들과 두루 친분을 쌓은 후 많은 정보를 빠르게 얻으니 성공이 빠른 것은 당연한 결과가 아닐까.

외국어의 힘은 더 이상 부연 설명하지 않아도 잘 알 것이다. 영어를 비롯하여 프랑스어나 중국어, 일본어 중 하나는 능통한 것이 좋다. 그러면 인생이 달라진다. 40대 이후의 삶에 소금과 설탕이 된다. 말로만 글로벌 시대를 외쳐봤자 소용없다. 혼자병법에서 중요한 것은 혼자서 세계의 자료를 검색하고 그걸 활용해야 한다는 점이다. 아무리 맛있는 음식이라도 먹지 못하면 아무 소용없듯이, 아무리 미인이라도 그저 보기만 하면 그림의 떡이듯이, 빠르게 변하는 세계를 알려면 외국어 실력은 반드시 필요하다.

외국어는 자전거처럼 한번 배워두면 잘 잊어버리지 않는다. 작심삼일이 되어서는 안 되겠지만 당장 오늘부터 외국어 공부를 시작해보자. 요즘은 대학교에서도 일정 수준 이상의 외국어 실력을 갖추지 않으면 졸업을 시키지 않는 곳이 많아졌다. 그러다 보니 젊은 친구들의 외국어 구사 능력은 상향평준화되고 있다. 외국어 공부에는 왕도가 없다. 오직 꾸준한 노력뿐이다. 다음 세 가지만 실천해보라.

첫째, 외국어는 집중이다. 6개월이든 1년이든 집중해서 공부하라. 매일 매일 시간을 정해놓고 공부하라.

둘째, 영화, 팝송 등을 보고 듣고 이를 활용하라. 나의 경우 영화를 보면서 실력이 많이 늘었다. 영화 대사를 보고 같은 영화를 세 번 이상씩 보라. 귀에 들리고 입에 붙을 것이다.

셋째, 모임을 가져라. 외국어를 함께 공부하는 모임은 많다. 원어민이 있는 모임에 꾸준히 참여하라.

5

두 번째 스물,
그대는
언제나 자유다

혼자병법(여가 편)

책으로
삶을
맛있게

언젠가(someday)라는 건 불안한 기대죠.

'그럴 일 없을 것이다'라는 걸 좋게 말하는 거죠, 뭐.

_ 영화 〈나잇 앤 데이〉 중에서

⑥ ⑥

　베트남 북부 도시 하노이는 많은 여행객이 모이는 곳이다. 하롱베이와 연계해서 우리나라 사람들도 많이 찾는 곳이 되었다. 하노이에서 더 북부로 가면 그곳에는 소수 민족이 살고 있는 곳이 있다. 문명에 물들지 않고 그들 나름대로 전통을 지키며 살아가는 사람들이다. 하노이에서 밤 열차를 타고 새벽에 라오까이라는 곳에 도착한다. 거기서 다시 버스를 타고 박하와 사파를 간다. 박하에서는 일요일마다 시장이 열린다. 소수 민족들이 모여서 물물교환을 하는 곳이다. 사파는 소수 민족들이 옛날 방식으로 살고 있는 곳이라 아는 사람들은 트레킹을 온다. 그 마을에서 잠도 자고 식사도 한다.

　하노이에서 라오까이로 가는 열차 안에서 영국 여인을 만났다. 그 여인은 작은 책을 들고 열심히 읽고 있었다. 무슨 책인지 혼자 즐거워하면서 탐독하고 있었다.

　일본 도쿄의 하라주쿠에는 메이지신궁이 있다. 널찍한 잔디밭이 있어 봄날에 일본을 가게 되면 자주 들렀다. 잔디밭에 앉거나 비스듬히 누워 책을 읽는 맛이 쏠쏠하기 때문이다. 거기서 나처럼 책을 읽으러 자주 오는 미국 여인을 만난 적이 있다. 그녀 역시 작은 책을 들고 왔다.

창경궁에 가서 책을 읽는 맛도 꽤 좋다. 서울에 있는 고궁 중에서도 창경궁이 책 읽기에 좋다. 우리나라 전통 건축에 관한 책을 들고 가서 실제 건축과 비교하면서 고궁에서 책을 읽어보는 것도 유익하다.

외국 여행을 하다 보면 책 읽는 외국인들을 많이 볼 수 있다. 요즘은 우리나라 여행객들도 책을 들고 나가는 사람이 늘었지만 보통 책을 잘 안 가져간다. 뭐 거기까지 가서 책을 보느냐는 생각에서다. 책을 읽는 습관이 덜 되어 있기도 하고, 짐이 되지 않으면서 휴대하기 좋은 책이 적었던 것도 한 이유일 것이다. 여행을 즐기는 사람들이 많아진 요즘도 우리의 여행에는 아직 책이 함께 떠나지 못하는 것 같아 안타깝다.

나는 책상 위에도 침대 옆에도 거실에도 차 안에도 책을 이리저리 던져둔다. 언제든지 책을 볼 수 있도록 하기 위해서다. 독일 브랜드인 파버 카스텔의 작은 연필을 책에 꽂아둔다. 그 연필이 꽂혀 있는 책은 현재 읽고 있는 책이다. 보통 다섯 권 정도 연필이 꽂혀 있다. 책을 어디쯤 읽는지도 알 수 있고 책에 밑줄을 긋거나 그때그때 생각나는 내용을 메모하기도 한다. 책을 다 읽고 나면 다시 처음부터 쭉 훑어보면서 메모한 것을 정리하고 컴퓨터에 문서로 작성해 보관한다.

차에는 보통 두 권의 책을 둔다. 하나는 논리적이고 이성적인 내용이

세 번째 스물이 두 번째 스물에게

고 또 하나는 감성적인 책이다. 카페에서 그날의 감정 상태에 따라 어느 책을 읽고 싶을지 모르기 때문이다. 나는 북한강가의 카페나 불암산 밑 카페를 즐겨 찾는다. 요즘은 특히 불암산 아래 카페에 자주 가는데 커피 값은 비싸지만 커피 맛 하나는 좋다. 흔들의자가 있고 음악도 적당하다. 하도 자주 가니 주인은 내가 오면 내가 좋아하는 자리로 안내해준다. 커피를 마시면서 읽는 책 맛이란! 쿠키나 케이크를 곁들이면 책은 더욱 달콤해진다.

여행에서 책은 양념과도 같다. 이걸 거꾸로 강조한 출판사가 있다. 일본의 쓰노가와문고는 여행에서 읽기 좋은 책을 만들면서 사람들의 심리를 자극하는 워딩을 선보였다.

'책을 읽고 싶어 떠나는 여행도 있다.'

여행에 책이 필요한 것이 아니라 책을 읽고 싶어서 여행을 간다니! 허를 찌르는 반어적 표현이다. 이 카피를 본 후 나는 더더욱 책을 보기 위해서 어디론가 가곤 했다.

무슨 책을 봐야 하느냐는 누구나 갖게 되는 숙제다. 이걸 안다는 것은 남보다 한 걸음 더 앞선다는 의미가 있다. 흔히 말하듯이 고전을 먼저 읽어야 한다. 요즘 성공학, 처세술 등을 다룬 책들이 많은데, 이런 책들은 잘 골라야 한다. 잡다한 내용을 모아놓은 경우가 많기 때문이다. 흔히 '문사철'이라고 부르는 문학, 역사, 철학 서적부터 보기를 권한다. 거기에 답이 있고 상상을 자극하는 글들이 있다. 인문학에는 우리가 살아가면서 필요한 모든 지혜가 있다.

나는 한 달에 한 번 서점으로 간다. 거기서 읽을 책을 고른다. 내가 책을 선택하는 방법은 이렇다. 당연하지만 우선 제목을 본다. 제목이 끌리면 그다음에 차례와 서문을 읽어본 후 차례에서 눈에 띄는 부분을 찾아 본문을 펼쳐 읽는다. 그러면 이 책을 봐야 할지 아닐지를 판단할 수 있다.

요즘은 책을 읽는 것만으로는 아쉬워서 직접 쓰려는 사람들이 많아졌다. 좋은 현상이지만 쓸데없이 잡다한 책이 양산되는 것 같아 염려도 된다. 내가 아는 어떤 이는 그야말로 엉터리 책을 두어 권 썼다. 출판사에서 출판을 거절당한 후 자비로 출판했다. 그는 이 책을 자신의 비즈니스에 활용했다. 마치 그 분야의 전문가인 양 행세했다. 근데 이게 어느 정도 먹힌다는 것이 문제다. 책에는 이런 힘이 있다. 그러니 누구나 책을 쓰고 싶어 하는 것이리라. 스스로 작가라고 떠들고 다니니 아는 사람들은 쓴 웃음을 짓지만 모르는 사람은 그를 전문가로 믿는다. 책이 개인의 홍보수단으로 쓰이는 세상이 됐다.

세 번째 스물이 두 번째 스물에게

책이란 무엇인가? 우리의 사상이나 감정을 글자나 그림으로 기록하여 묶은 것을 말한다. 좀 더 길게 말하자면, 책이란 인간이 자신의 사상이나 감정을 표현하기 위한 목적으로 문자나 회화 등 주로 시각적 기호를 이용하여 출간한 것을 말한다. 초기의 책은 낱장을 나란히 붙이고 나무 같은 막대에 말아서 만든 두루마리였다. 두루마리란 뜻의 라틴어 'volumen'이 책 (volume)을 뜻하게 된 것은 바로 이 때문이다. 헬레니즘 시대에 이미 대형 도서관이 있었고 이집트의 알렉산드리아 도서관은 50만 권이 넘는 책을 소장하고 있었다고 전해진다.

책은 문자와 밀접한 관계가 있다. 문자가 모여 책을 이루는 것이니 문자에 해박하지 않으면 좋은 책을 쓰기 어렵다. 문자가 없던 시절에는 음성 언어가 전부였다. 후대에 이어갈 수단은 인간의 기억과 언어였다. 인간의 기억과 언어는 시간과 공간의 제한이 있어 문자가 생기고 이를 이용하게 되었다.

진정한 의미에서 인류의 최초 문자는 상형문자라는 것이 일반론이다. 상형문자 가운데 최초의 것은 메소포타미아 지역의 수메르인이 발명한 설형문자(楔形文字)라고 한다. 파피루스에서 양피지, 이어 종이에 문자로 기록하면서 인류는 그 소중한 자산을 제대로 기록하게 되었다. 이제는 디지털 시대가 열리면서 전자책이 각광을 받고 있지만 아직은 부족한 면이 많다.

자신을 표현하기 위해서, 한 분야의 전문가가 되기 위해서는 자신의 책을 가져야 한다. 자신이 하는 일에 전문적 지식과 경험을 가져야 하고 기록을 해야 한다. 책을 쓴다는 것은 그만큼 자신의 분야에 해박해진다는 것을 말한다. 한 권의 책을 쓴다는 것은 그 분야에서 남에게 인정받는다는 것을 의미한다. 그렇지 않다면 함부로 책을 쓰지 말아야 한다.

나는 '최카피 작가교실'을 운영하고 있다. 재능기부라고 생각하면서 무료 강좌를 진행한다. 현재 5기까지 수료했고 그동안 열 권 가까운 책이 출판되었으니 뿌듯한 건 사실이다. 지금도 많은 분들이 책을 쓰고 싶어서 나에게 이것저것 묻기도 하고 작가교실에 들어오고 싶어 한다. 작가교실에서 배우는 사람들에게 나는 강조한다. 우선 문자에 대해 해박한 능력을 갖추고, 자기 분야에 전문가가 되어야 하고, 그리고 마지막으로 책에 에토스 (Ethos)가 있어야 한다고 늘 말한다. 그렇지 않으면 책을 쓰지 말라고 충고한다. 이 이야기는 다른 장에서 다시 자세히 설명하겠다.

두 번째 스물, 그대는 언제나 자유다

속독은
시간의 축지법

Miles to go before I sleep.

잠들기 전에 가야 할 먼 길이 있다.

_로버트 프로스트 '눈 오는 저녁 숲가에 멈춰 서서' 중에서

⊚⊚

한국인은 너무 '빨리빨리'를 좋아해서 탈이라는 이야기가 있다. 반면 '빨리빨리' 문화가 한국을 발전시키는 에너지였다는 평가도 있다. 세계가 인정한 우리나라 IT산업의 발전은 빨리빨리 문화의 덕이라는 이야기에도 수긍이 간다. 그런데 느긋하게 해야 할 일을 지나치게 빨리 하는 것도 문제지만, 빨리 해야 할 일을 천천히 하는 것도 문제가 된다.

책을 읽는 방법에는 여러 가지가 있지만 속도로만 따지면 정독과 속독이 있다. 정독은 차근차근 생각도 하고 깊이 있게 읽는 것이다. 속독은 말 그대로 빠르게 읽는 방법이다. 내용이 무겁고 깊이 있는 책이야 당연히 정독을 해야 하지만 내용이 쉬운 책이나 가벼운 소설 같은 것은 속독이 좋다. 속독을 하면 짧은 시간에 여러 권을 읽을 수 있다. 문제는 속독을 못하는 데 있다.

아인슈타인은 속독에 능했다고 한다. 007소설을 받은 그 자리에서 읽어 치운 케네디도 대단한 속독가였고, 나폴레옹도 전장에서 막사에 수백 권의 책을 가지고 다녔다. 자기 전에 15분 동안 책을 읽는 15분 독서법을 만든 윌리엄 오슬로, 한 권을 정독하기보다는 다섯 권을 속독하는 것이 낫다고 한 다치바나 다카시, 모든 발명은 독서의 힘이라고 강조한 에디슨, 생떽쥐베리의 《어린 왕자》를 읽고 또 읽었다는 법정 스님. 이렇게 명사들은 독서광이었고 속독을 즐겼는데, 그들이 왜 속독을 했는지를 생각해볼 필요가 있다.

SBS의 프로그램인 '스타킹'에 어린 초등학생들이 나와서 기적의 속독법을 보여준 적이 있다. 이들은 3분여 만에 책 한 권을 다 읽고 그 세세한 내용까지 다 기억하여 사람들을 깜짝 놀라게 했다.

부러워만 할 필요는 없다. 연습을 하면 누구나 익힐 수 있다. 피아노 건반을 바람처럼 빠르게 연주하는 피아니스트나 자판을 분당 수백 타 치는 사람들은 반복 연습을 통해 이 능력을 익힌 것이다. 책 읽기도 마찬가지다. 우리 두뇌는 반복 연습을 통해 신경세포들이 빠르게 정보처리를 한다. 모티머 J. 애들러 박사의 《독서의 기술》이라는 책을 보면 두뇌의 정보처리 능력에 대해 알 수 있다.

회사의 CEO이거나 프리랜서, 정부나 조직의 리더라면 더더욱 책이나 정보를 읽는 속도의 중요성을 인식해야 한다. 그 사람이 처리하는 업무 속도는 모두의 발전과 관계가 있고 속독에 의해 결정되기 때문이다. 필요한 내용은 빨리 찾아 읽고 필요하지 않은 것은 무시해버리는 속독법을 익힌다면 업무 능력이 지금보다 몇 배는 향상될 것이다. 이들의 독서는 기업을 살리고 사회가 발전하는 데 큰 힘이 될 것이다.

세 번째 스물이 두 번째 스물에게

《The one page proposal》같은 책이 인기를 끈 적이 있다. 이 책은 읽는 사람이 빨리 읽고 의사결정을 할 수 있도록 명확하고 간결하게 보고서를 작성하는 법을 알려준다. 의사결정을 빨리 해야 하는 상급자에게 수십 페이지에 달하는 보고서를 읽으라는 것은 그 사람을 모욕하는 행위일 수 있다. 예전에 어느 자동차회사에서 새로 나오는 자동차를 보고 광고 마케팅 전략을 짜달라는 의뢰가 온 적이 있다. 나는 비밀스러운 장소에 있는 자동차를 보고 타깃을 결정한 후 콘셉트 워드를 찾아 한 페이지짜리 전략을 짜주었다. 카피도 딱 한 줄. 담당자는 불안해했지만 그 회사 회장은 대만족이라고 했다. 대기업의 회장은 안다. 한 페이지와 한 줄의 힘을.

스피드 리딩(Speed reading)의 개념은 1970년대부터 미국에서 시작되었지만 2000년대까지는 별다른 주목을 받지 못했다. 있어도 그만 없어도 그만이라는 생각이 더 강했던 것 같다. 그런데 지금은 달라졌다. 스피드 리딩은 슈퍼러닝(Superlearning)과 연계되어 인기를 끌고 있다.

속독법, 즉 빠르게 읽기는 빠르게 듣기, 빠르게 말하기, 빠르게 쓰기 등으로 그 능력이 이전되고 확대된다. 더불어 우리의 판단력은 빨라지고 같은 시간에 더 많은 정보를 습득할 수 있게 된다. 그러면 속독법을 익히기 위해서 무엇을 해야 할까? 속독법의 요령은 다음과 같다.

첫째, 속발음을 없애라. 속독을 방해하는 가장 중요한 요인은 글을 읽을 때 속으로 따라 읽는 습관이다. 속발음은 문장을 한 단어씩 따로 볼 때 생기는 현상이기 때문에 여러 단어를 동시에 봐야 할 때는 하고 싶어도 할 수 없게 된다. 속으로 글자를 따라 읽으면 절대 속도가 붙지 않는다. 이것만 해결해도 속독의 절반은 성공이다. 속독은 우뇌로 하는 것이다. 좌뇌는 글자를 읽어내고 우뇌는 이미지로 판단한다. 속독은 우뇌를 통해 글자를 이미지로 받아들인다. 책의 글자를 하나의 덩어리로 이미지화해서 본다면 속발음을 하려고 해도 할 수가 없게 된다. '새'라는 글자를 보면 새라고 읽지만 새 그림을 보면 읽지 않고 이미지로 받아들인다. 이것이 속독의 출발점이다.

둘째, 시폭을 넓혀라. 책을 읽을 때 보통 한 글자씩 보게 되는데 이를 넘어서야 한다. 우리에게 익숙한 간판을 생각해보라. 예를 들어 맥도날드 간판을 처음 봤을 때는 한 글자씩 읽었지만 지금은 하나의 그림으로 전체를 보고 맥도날드를 인지하지 않는가. 사람 이름이나 거리의 모습도 마찬가지다. 우리의 시폭이 저절로 넓어진 것이다. 책을 볼 때도 한 글자에서 한 단어, 한 문장, 한 페이지로 확대해야 한다. 처음에는 잘 안 되지만 이 역시 훈련을 통해 가능해진다. 시폭을 넓혀 넓은 면적을 눈으로 보고 받아들이는 훈련을 하라.

셋째, 포토리딩을 하라. 시폭을 넓히면 그다음에는 포토리딩을 하거나 스캔을 해야 한다. 포토리딩은 말 그대로 책의 내용을 사진 찍듯이 읽는 것이다. 사진이나 스캔을 통해 책의 내용이 우리의 두뇌에 저장되면 언제든지 불러내 다시 볼 수 있게 된다.

속독법을 시작할 때 그냥 빠르게 읽기에만 치중하지 말고 내용을 정확하게 파악하는 것도 고려해야 한다. 빠르게 읽고 잊어버리면 아무 소용이 없다. 속독은 빠르고 정확하게 읽는 것이다. 오늘부터 속독법을 연습해보기 바란다. 한정된 시간을 두 배, 세 배로 늘려주고 더 나아가 열 배 이상 길게 해줄 것이다. 또 속독법은 우리의 시력과 기억력, 집중력과 이해력을 높이는 효과가 있다.

세 번째 스물이 두 번째 스물에게

책 쓰기,
그 즐거운 고통

I once was lost, but now I'm found. Was blind, but now I see.

한때 길 잃었지만 이젠 찾았다네. 눈 멀었지만 이젠 보인다네.

_ '어메이징 그레이스' 가사 중에서

    나는 페이스북을 기반으로 '최카피 작가교실'을 진행하고 있다. 5기까지 했으니 꽤나 많이 한 셈이다. 작가교실에서 배운 사람들이 출간한 책이 열 권 가까이 되니 보람이 있다. 한 기수 당 처음에는 서른 명 정도가 신청한다. 그러나 정작 책을 쓰려고 하니 준비가 덜 되었거나, 글 솜씨가 부족하거나, 무슨 책을 써야 할지 모르는 경우가 많다. 그런 사람은 과감히 탈락시킨다. 결석이 잦거나 과제를 충실하게 하지 않는 사람들도 탈락시킨다. 그러다 보면 마지막까지 남는 사람은 기껏해야 열 명 정도다. 지금도 많은 사람들이 작가교실에 들어오려고 한다. 그럴수록 나는 점점 더 신중해진다.

    무료강좌인 최카피 작가교실은 6개월에서 1년간 진행한다. 희망자가 많은 것은 누구나 책을 쓸 수 있다는 분위기 탓이리라. 하지만 자신감만으로는 안 되는 것이 책 쓰기다. 책의 기획부터 출판사 계약까지의 일은 멀고도 험하다. 자신의 전문 분야에 관해 책을 써서 터득한 지식과 지혜를 많은 사람들에게 알리려는 사람은 진정한 책 쓰기 욕구를 가진 사람이라고 할 수 있다. 그런데 자신이 하는 일의 홍보와 비즈니스를 위해 책을 쓰겠다는 사람도 많다. 나도 책을 쓴 저자라는 소리를 듣고 싶은 욕구다. 이런 사람들의 책은 예상대로 가치가 없는 경우가 많다. 출판사에서 책 내기를 망설이면 자비로 출판하기도 한다. 이 경우는 명함 대신 책을 내밀어 자신이 하는 일에 도움을 받으려는 상술에 불과하다. 그런 사람은 말리지만 굳이 하겠다는 사람이 의외로 많다. 요즘 여기저기서 책 쓰기 강좌도 많고 책의 출판을 도와주겠다는 출판기획사도 많이 생겼다. 서로의 이해타산이 맞아 생겨난 풍조다.

책을 쓰기 전에 먼저 알아야 할 것이 글쓰기다. 글도 제대로 못 쓰는 사람이 책을 내겠다고 덤비는 것을 보면 한심하다. 책은 대부분 글자로 이루어지는 것인데 글을 능숙하게 쓰지 못하면서 책을 내겠다는 것은 욕심일 뿐이다. 글을 잘 쓰기 위해서는 글쓰기 연습을 꾸준히 해야 한다. 플라톤의 제자이면서 서양문학의 초석을 다지게 한 사람은 아리스토텔레스다. 그는 수사학을 가장 먼저 제창했는데, 그의 수사학을 한번 읽어보면 글쓰기와 책 쓰기에 도움이 된다.

아리스토텔레스는 사람이 스피치를 잘하기 위해서는 세 가지 요소가 필요하다고 했다. 첫 번째로는 말하는 사람의 품성이고, 두 번째는 청중을 자극하는 감성이며, 세 번째는 스피치의 내용이라고 했다. 첫 번째가 에토스(ethos)이고, 두 번째는 파토스(pathos), 마지막이 로고스(logos)라고 할 수 있다. 에토스는 후에 윤리학으로 발전하고, 파토스는 오늘날의 수사학이 되었으며, 로고스는 논리학의 기초가 되었다. 수사학이 파토스에서 발전되었지만 아리스토텔레스가 말하는 수사학은 에토스, 파토스, 로고스를 포함한 개념이다. 특히 나는 에토스를 강조한다. 에토스가 없는 말과 글은 공허할 수밖에 없고 잘 포장된 쭉정이에 불과하기 때문이다. 책에는 글을 쓰는 사람의 정신과 품성이 담겨 있어야 한다. 그렇지 않으면 책은 단순히 지식을 담은 종이뭉치에 불과하다.

책을 쓰려는 사람들을 위해 최카피 작가교실의 운영 프로그램을 소개한다. 혼자서도 이 프로그램대로 하면 좋은 책을 쓸 수 있다.

1차는 기획단계다. 여기에서는 여섯 가지를 결정한다.

1. 독자 선정
2. 콘셉트 결정
3. 제목 결정
4. 차례 구성
5. 프로필 작성
6. 집필 일정

기획이 제대로 안 되면 그다음 단계로 넘어갈 수 없다.

1. 독자를 선정하는 것이 첫 번째인데, 어떤 사람들은 독자를 선정하라고 하면 모든 사람들에게 내 책을 읽히겠다는 거창한 포부를 이야기한다. 이건 욕심일 뿐이다. 누가 이 책을 읽을 것인지가 명확해야 책의 성격이 결정된다.

세 번째 스물이 두 번째 스물에게

2. 콘셉트 결정은 무슨 책을 쓸 것인가를 결정하는 것이다. 콘셉트는 가능한 구체적이어야 하고 분야를 좁히는 것이 좋다. 예를 들어 '영화 이야기'를 쓰겠다고 하면 범위가 너무 넓다. 수십 권으로도 다 담을 수 없다. '영화 속 클래식 이야기', '영화 속 주인공의 패션'처럼 좁혀야 한다.

3. 제목 역시 중요하다. 책을 대하는 사람은 제목을 보고 구매 여부를 결정하는 경우가 많으므로 제목을 잘 정해야 한다. 물론 내용과 동떨어진 터무니없는 제목은 곤란하다. 제목을 정하는 방법에 대해서는 필자의 책《최카피의 네이밍 법칙》을 참고하기 바란다. 어떤 분야의 대표적인 것을 나타내는 제목이 좋다.

4. 차례는 나중에 바뀌더라도 일단 전체를 구상하는 것이 좋다. 그래야 책을 쓰기가 쉬워진다. 책의 전체적인 설계를 하는 것이니 이 역시 가볍게 봐서는 안 된다.

5. 프로필 작성은 이 책의 필자가 누구인지를 알리는 일이다. 자신을 나타내는 내용을 분명하고 명확하게 표현해야 한다. 자신을 과장해서는 안 된다.

6. 집필 일정을 미리 염두에 두어야 책 쓰기가 편해진다. 막연히 올해 안으로 책을 내겠다는 식의 생각은 일정을 자꾸 미루게 한다. 구체적인 일정을 작성하여 책상 앞에 붙여두면 도움이 된다. 일주일이나 하루 단위로 일정을 짜야 한다.

나는 이 여섯 가지를 작성하여 발표하게 한다. 기획이 신통찮은 사람들은 1차로 탈락시킨다.

2차는 교육 단계로, 글쓰기 실력 향상을 위한 교육을 진행한다. 보통 글쓰기의 기초부터 표현의 묘미까지 10회 정도 강의한다. 혼자서 책을 쓰려면 글쓰기 강좌를 듣거나 글쓰기 책을 여러 권 읽도록 하자.

중요한 것은 글 쓰는 습관을 기르는 것이다. 나는 800자 원고지에 펜으로 글을 쓰는 연습을 시킨다. 글은 펜으로 쓸 때 글을 쓰는 맛이 있고 필력은 손에서 나온다는 점을 강조한다.

3차는 자료수집 단계로, 책을 쓰기 위한 자료를 자신의 파일이나 출간된 책 등에서 찾게 한다. 인터넷에서도 자료를 찾는다. 자료가 부족하면 충실한 책을 만들기 어렵다. 다른 책이나 자료를 너무 많이 활용하거나 인용 표시를 제대로 하지 않으면 지식의 절도가 될 수도 있으니 이 또한 유의해야 한다.

4차는 집필 단계다. 집필을 하기 위해서는 먼저 가제본(Dummy)을 만들라고 권한다. 가제본을 만들어두면 책에 대한 열정이 더 높아지고 추진력이 생긴다. 가제본이 만들어지면 샘플 원고를 작성한 후 내가 검토를 한다.

그 과정이 통과되면 집필 일정에 맞추어 본격적으로 책을 쓰도록 한다. 대개 이 과정에서 여러 번 수정하고 반복을 하게 된다. 원고가 완성되면 출판을 추진한다. 먼저 출판제안서를 작성한 후 출판사를 선정하고 제안을 한다. 출판제안서는 위에서 말한 기획 단계의 내용을 충실하게 정리해서 쓴다.

최카피 작가교실은 엄격하다. 책은 스스로 엄격해지지 않으면 결코 쓸 수가 없기 때문이다. 2회 이상 결석하면 탈퇴시킨다. 교육이나 집필에 성실하게 임하지 않으면 이 역시 탈락의 이유가 된다.

책 쓰기에 도전하라. 책은 누구나 쓸 수 있다. 다만 자신의 전문지식과 지혜를 담을 수 있어야 한다. 이름을 알리거나 상술로 책을 쓰겠다는 생각은 버려라. 어떤 일이나 마찬가지겠지만 처음이 어렵지 일단 책을 한 권 출판하면 그다음은 쉬워진다는 사람이 많다. 이건 기획 단계가 명확해진다는 뜻이다. 쉬운 일이 어디 있으랴. 방법을 알게 된다는 것으로 해석하라. 지금 그대가 보는 이 책은 나의 열세 번째 책이다. 그리 쉬운 일이 아니다.

그냥 좋은 책이 아니라 정말 좋은 책을 만들기 위해서 오늘부터 준비하라. 오늘의 작은 시작이 5년이나 10년 후 그대의 책이 세상에 펼쳐질 수 있는 밑알이 될 것이다.

세 번째 스물이 두 번째 스물에게

여행의
법칙

잘못 든 길이 지도를 만든다

_강연호의 시 '비단길2' 중에서

　　　　　　　　⑥ ⑥

강연호의 '비단길 2'의 일부분을 소개한다.

한때 명도와 채도가 가장 높게 빛났던 잘못 든 길

더 이상 나를 철들게 하지 않겠지만

갈 데까지 가 보려거든 잠시 눈물로 마음 덥혀도

누가 흉보지 않을 것이다 잘못 든 길이 지도를 만든다

　한 번도 가보지 못한 곳으로 여행하기 위해 배낭을 꾸릴 때나 새로운
일을 시작할 때 나는 강연호의 시를 읊조리곤 한다. 특히 마지막 구절, '누
가 흉보지 않을 것이다 잘못 든 길이 지도를 만든다' 이게 가슴에 와 닿았
다. 이 마음만 가지면 낯선 여행지에 대한 두려움도 사라지고 여행의 즐거
움을 제대로 만끽할 수 있다. 누가 처음 이렇게 멋진 말을 했을까? 시인일
까, 여행자일까?

　외국에서 배낭여행객들이 만나서 서로 이야기를 나누고 헤어질 때 건
네는 인사 중에 이런 말이 있다. '제발 당신의 지도와 여권을 잃어버리기
를…….' 예상치 못한 일이 더 멋진 경험을 제공할 수도 있다는 의미를 담
고 있는 이 말은, 여행자들이 서로에게 주는 축복의 말일 수 있다. 나도 여

세 번째 스물이 두 번째 스물에게

행을 다니면서 뜻밖의 일로 새로운 경험을 한 적이 많다. 생각하지 못했던 시간의 경험, 낯설었지만 신선했던 장소, 유쾌한 친구, 매력적인 여인, 잊을 수 없는 미각 등…….

요즘은 배낭여행이나 자유여행이 보편화되었다. 그래도 아직 많은 사람들이 배낭여행을 두려워하거나 불편한 것으로 치부하고 시도해보지 않는다. 내 친구들도 그렇다. 배낭여행을 가자고 하면 펄쩍 뛴다. 억지로 두어 번 데려갔더니 이제는 제법 맛을 안다. '이번에는 어디로 갈 거야?' 하면서 은근히 재촉하기도 한다. 처음이 어렵지 한 번 갔다 오면 자신감이 생긴다. 나는 1년에 두 번은 해외로 가고 한 달에 한 번은 국내여행을 하기로 마음먹고 있다. 더 많이 갈 수도 적게 갈 수도 있지만 적어도 원칙을 세워두는 것이 더 많은 기회가 생기도록 해준다.

콜럼버스의 인생과 가치관에 대해 나는 공감하지 못하는 부분도 많지만, 그가 어떻게 항해를 했는지, 그래서 어떻게 신대륙을 발견했는지, 항해하기 위해 사람들을 어떻게 설득했는지에 대해서는 배울 점이 있다고 생각한다.

"나는 나침반이나 선박의 성능을 믿고 항해를 시작한 것은 아니다.
나를 움직이는 동력은 꿈과 소망이다.
나는 지금 이사야서를 읽으면서 새로운 에너지를 충전하고 있다."

콜럼버스는 거친 항해 중에서도 태연히 독서를 즐기며 선원들에게 이렇게 말했다. 가장 멋지고 아름다운 배를 만들기 위해서 무엇을 해야 할까? 완벽한 설계도가 필요한 것일까? 배를 튼튼하게 만들기 위해 좋은 나무를 찾는 것일까? 그보다 바다에 대한 동경과 꿈 그리고 경외심을 갖도록 하는 것이다. 여행은 이런 덕목을 우리에게 제공해준다. 세상에 대한 동경과 호기심 그리고 도전정신이 그대의 인생을 더욱 풍요롭게 바꿔줄 것이다.

여행은 직접 경험이다. 책을 보거나 영화를 보는 것은 간접 경험이다. 직접 경험을 많이 할수록 간접 경험의 가치가 높아진다. 간접 경험에만 치중하게 되면 똑똑해질 수는 있으나 현명해지기는 어렵다. 공부를 잘하고 좋은 대학 나온 사람이 똑똑하기는 하나 반드시 슬기로운 건 아니라는 이야기와 비슷하다.

독립해서 혼자 일을 하다 보면 아무래도 자유시간이 많아지고 여행을 자주 가게 된다. 여행은 그 자체로 훌륭한 삶의 영양분이다. 그리고 일에도 도움을 준다. 확실히! 나의 일과 관계없는 여행은 없다. 인생과 무관한 여행은 없다. 그 관계를 알아차리지 못하거나 발견하지 못할 뿐이다. 하여 나는 여행의 법칙 열 가지를 준수한다.

최카피의 여행법칙

1. **혼자서 가라** 아주 마음이 잘 맞는 친구나 이성이라면 같이 가는 것도 나쁘진 않다. 그러나 같이 가는 여행과 혼자 가는 여행을 구분해야 한다. 다른 의미가 있다. 혼자 하는 여행이 진정한 여행이라는 것은 해보면 안다. 힘겨움, 외로움, 향수 등을 느끼지만 그래서 새로운 친구를 사귀게 되고 더 많은 걸 생각하게 된다.

2. **새로운 곳을 가라** 자주 가던 곳이 편하다. 잘 알기 때문에 몸도 마음도 편해서 익숙한 곳을 찾게 된다. 익숙한 것과 결별하지 않으면 새로운 경험을 하기 어렵다. 지도를 펴고 새로운 곳, 가고 싶은 곳을 표시해두라.

3. **남이 안 가는 곳을 가라** 여행사가 그려준 지도를 따라 갔다 오면 누구나 똑같은 장소에서 비슷한 포즈의 사진을 남긴다. 남들이 유명하다고 얘기하는 곳을 피하라. 남이 안 가는 곳을 찾아라. 인터넷에서 검색하면 의외로 새로운 곳이 많다는 것을 알 수 있다.

4. **그 나라 비행기를 타라** 나는 어느 나라로 가든지 그 나라 비행기를 고집한다. 일본에 가면 일본 비행기, 독일로 가면 독일 비행기를 타려

세 번째 스물이 두 번째 스물에게

고 한다. 갈 때도 올 때도 마찬가지다. 그래야 출발하는 순간부터 돌아오는 시간까지 여행이 지속된다. 우리나라에 취항하는 항공사가 없는 나라의 경우는 일본이나 방콕을 경유해서 갔다 오기도 한다.

5. 일주일 여행이면 일주일 공부하라 한 달 여행이라면 한 달 전부터 그 나라의 역사, 문화, 생활 등을 공부한다. 그래야 여행의 깊이가 달라진다.

6. 즉석사진을 찍어라 요즘은 DSLR이 작아서 편리하다. 나도 요즘은 작은 미러리스 카메라를 즐겨 지참한다. 그리고 후지에서 나온 인스탁스라는 즉석카메라를 들고 간다. 여행에서 만나는 사람에게 즉석사진을 선물한다. 그러면 금방 친구가 된다. 자기가 필요한 사진만 달랑 찍고 돌아서는 여행객은 매력이 없다.

7. 펜과 동전을 활용하라 동남아를 다니다 보면 아이들이 손을 벌린다. 과자나 1달러를 달라는 것이다. 나는 모나미 볼펜과 우리나라 동전을 많이 가져간다. 볼펜은 아이들에게 공부할 수 있는 기회를 줄 것이다. 동전은 기념품으로 간직하게 된다.

8. 매일 글을 써라 하루 일정이 끝나고 잠들기 전에 그날의 일을 기록하

두 번째 스물, 그대는 언제나 자유다

는 것이 좋다. 시간이 흐르면 잊을 수도 있고 그때의 감정을 제대로 살리지 못하게 된다. 매일 글을 써라. 기억을 더듬는 것보다 수첩을 더듬는 것이 낫다.

9. 그곳에서 친구를 사귀어라 현지인들과 친구가 되는 걸 좋아한다. 눈으로 보는 여행이 아니라 오감으로 느끼는 여행을 원하기 때문이다. 때로는 그들의 집에서 먹고 자는 경우도 많다. 그게 여행의 참 맛이다.

10. 짐은 가벼울수록 좋다 여행초보자와 경험자를 구분하는 방법은 간단하다. 짐 크기를 보면 안다. 짐은 가볍게 하라. 필요한 옷이 있으면 현지에서 사 입으면 된다. 다만 내가 꼭 가져가는 것은 정로환과 물티슈다. 설사를 막아주는 정로환은 러시아를 정복하는 약이라는 일본어의 어원대로 낯선 곳의 음식을 편하게 즐길 수 있도록 도와준다. 물티슈는 더운 나라에서 유용하다. 두 장이면 온몸을 샤워한 효과를 얻을 수 있으니 말이다.

일이든 여행이든 사람을 만나든, 새로운 길을 가라. 새로운 길은 아직 그대의 인생이라는 지도에는 없는 것이다.

세 번째 스물이 두 번째 스물에게

마흔 이후에 내가 주로 찾은 여행지는 동남아였다. 그중 남에게 알려 주기 싫을 만큼 아끼는 여행지, 혼자 하면 좋은 여행지 다섯 군데만 소개한다.

* **미얀마 인레호수와 바간** 눈이 아니라 가슴으로 풍경을 만날 수 있는 곳이다. 인떼 유적지의 신비한 모습과 호수를 터 삼아 살아가는 사람들을 만날 수 있다. 바간에서는 수천 개의 불탑이 저녁 노을에 빛나는 장관을 볼 수 있다.

* **라오스 왕위앙** 시간이 느릿느릿하게 가는 곳. 아무런 계획도 없이 머물 수 있는 곳. 자전거나 오토바이를 타고 그저 돌아다니는 곳.

* **네팔 박타풀** 중세에서 시간이 멈춰버린 도시. 고향을 떠나온 티베트 사람들의 노래가 들리는 저녁. 토기를 굽는 사람들의 미소를 만날 수 있는 거리.

＊**베트남 사파**　자오족, 흐몽족 등 소수 민족의 질박한 생활 속으로 들
　어갈 수 있는 베트남 북부 마을. 박하의 선데이마켓에서 소수 민족
　의 물물교환을 볼 수 있는 곳.

＊**캄보디아 씨엠립 반데스레이**　신비한 붉은색 사암의 사원. 운이 좋으면
　돌 위에 앉아 부르는 할머니의 구슬픈 노랫소리를 들을 수 있다.

세 번째 스물이 두 번째 스물에게

명품의
진정한 미학

紙天年 絹伍百

지천년 견오백

한지는 천 년을 가고 비단은 오백 년을 간다.

봉화는 예전에는 오지였지만 요즘은 길이 잘 뚫려 찾아가기 쉬운 곳이다. 물론 봉화에서 벗어나 시골길로 들어서면 아직은 오지라는 말이 실감나는 곳이긴 하다. '우리나라에도 이런 곳이 있었나?' 할 정도로 깊은 산골을 만날 수 있다. 작년에도 친구들과 봉화여행을 다녀왔다. 왜 봉화로 가느냐는 친구들의 의구심을 덮어둔 채 나는 삼척을 지나 봉화로 향했다. 고려 공민왕과 원나라 노국공주의 사랑이 서린 청량산과 청량사가 꽤 알려져 사람들이 많이 찾는다. 청량사는 꼭 한 번 들러봐야 한다고 고집부려도 될 만큼 좋은 곳이다. 나의 목적지는 청량사 말고도 한 군데 더 있다.

봉화에 가면 유기마을이 있어 꼭 들른다. 그중에도 삼대째 유기를 만드는 곳이 있다. 예전에 처음 갔을 때 한 남자가 수천 도의 뜨거운 불로 녹인 쇳물로 유기를 만들고 있었다. 생각보다 허름한 공방 안에서 쇳물을 흙에 부어서 그릇 모양을 만들었다. 유기에 광택을 내는 남자가 '저 안에 흙장난 하는 놈 있어'라고 말하는 이유를 알 수 있었다. 불을 다루고 쇳물을 요리하는 남자는 대단한 흙장난을 하고 있었다. 고운 흙을 채로 걸러서 틀을 만들고 그 안에 쇳물을 부어 유기를 탄생시킨다.

그의 흙장난은 하나의 예술이었다. 흙을 곱게 거르고 거푸집을 만들어 그 안에 쇳물을 붓는 일련의 과정! 그가 일하는 모습이 바로 장인의 행동이었다. 그가 만들어내는 유기그릇은 그야말로 명품이다. 봉화읍 삼계리에서 공방을 하는 그는 무형문화재인 봉화유기장 두 명 중 한 명이다.

'지천년 견오백(紙千年 絹伍百)'이라는 말이 있다. 비단의 화려한 빛과 수명은 오백 년을 가지만 한지의 수명은 천 년을 간다는 말이다. 말이 천 년이지 정말 대단한 세월이다. 한지야말로 우리가 만든 세계적인 명품이 될 자격이 충분한 유산이다. 그런데 세계적으로 알려지지도 않았고 우리도 그 가치를 잘 모른다. 한지를 쓸 일이 별로 없어서 더욱 그런 모양이다.

'한지가 천 년을?' 이렇게 의구심을 가진 사람들은 현존하는 가장 오래된 목판 인쇄본인 《무구정광대다라니경》을 보라. 1966년에 발견된 이 책은 오랜 세월의 산화작용으로 인해 일부가 변했지만 본문을 기록한 한지에는 그 내용을 다 알아볼 수 있을 만큼 보존이 잘 되어 있다. 한지가 천 년의 세월을 견디게 해준 것이다. 무려 천이백여 년이 넘는 세월을 이긴 것이다. 오늘날의 종이는 백 년밖에 견디지 못한다는 걸 생각하면 대단한 일이다. 한지는 종이의 명품이다.

사람들은 명품을 좋아한다. 루이비통 같은 명품 가방을 갖고 싶어 하는 여자들이 많다. 그러다 보니 가짜 명품도 많다. 그런데 루이비통이 왜 명품일까? 가격이 비싸서? 디자인이 좋아서? 기능이 뛰어나서? 명품이 명품인 이유는 딱 한 가지다. 오래 쓸수록 그 가치가 변하지 않고 유지되기 때문이다. 오래 쓸 수 있는 물건이 명품이다. 단순히 비싸거나 유명한 브랜드라고 해서 명품이라고 부르는 게 아니다.

남자에게 명품은 어떤 의미일까? 또 여자에게 명품이란? 명품은 무엇보다 자신을 대신하는 상징이자 자존심과 자부심의 표현이다. 자신을 대신하는 물건이다 보니 그것이 지나쳐 명품 중독에 빠진 사람도 적지 않다. 나는 내가 아는 어떤 여자에게 '버버리 여사'라는 별명을 지어주었다. 워낙버버리 브랜드를 좋아하기 때문이었다. 머리에서 발끝까지 버버리를 고집한다. 잘 어울리기도 한다. 말하자면 자신에게 맞는 디자인의 브랜드를 잘찾은 경우다. 명품에는 스토리가 있다. 스토리가 없는 명품은 마치 졸부의모습과 같다. 나도 명품이라고 부를 수 있는 물건들이 몇 개 있다. 내가 가진 '명품'과 그 스토리를 간략하게 소개한다.

* **몽블랑 만년필과 볼펜** 카피라이터인 내가 쓰는 카피는 어느 것인들 중요하지 않은 게 없다. 특히 소중한 카피는 몽블랑 만년필로 써준다. 컴퓨터 자판을 두들기는 것과는 글을 쓰는 마음가짐부터 달라진다. 작업실에서는 몽블랑 만년필을 쓰고 외출할 때는 몽블랑 볼펜을 사용한다. 몽블랑은 알프스 최고봉으로 하얀 산이라는 뜻을 가진 불어

다. 1906년에 독일에서 탄생하여 1909년에 몽블랑이라는 이름을 가지게 되었고 육각형의 하얀 별 모양의 몽블랑 스타를 로고로 사용하고 있다. 만년필 하나 만드는 데 여러 단계의 엄격한 공정을 거치기 때문에 완성품까지 6주 이상의 기간이 소요된다고 한다. 몽블랑의 가장 유명한 '마이스터스튁(Meisterstuck)' 펜촉에는 '4810'이라는 숫자를 새겨 넣는데, 이는 몽블랑 산의 높이(4810m)를 의미한다.

＊**지포 라이터** 카피 아이디어가 잘 안 나올 때 나는 지포 라이터를 들고 불을 켜는 습관이 있다. 지포 라이터는 1933년에 처음 나왔는데 바람이 불어도 불이 꺼지지 않는 벤진 라이터의 점화방식을 채택했다. 1950년대 중반부터는 라이터 밑면에 제작 날짜를 새겨 판매했는데, 이 날짜는 수집가들에게 귀중한 자료가 되고 있다.

＊**보스 스피커** 보스(Bose)는 미국의 최고급 음향기기 브랜드 중 하나다. 미국 명문 대학인 MIT의 전자공학 교수이자 음향학 박사인 아마르 G. 보스 박사가 1964년에 설립한 음향기기 제조업체다. 보스 스피커는 세월이 갈수록 그 가치가 높아지기도 한다. 내 방 한켠에도 보스 스피커가 수십 년 동안 자리 잡고 있는데 그 모양만 봐도 모차르트의 음악이 들리는 듯하다.

* **톰보 하모니커** 잠자리를 뜻하는 말로 일본에서 만들어진 하모니커다. 나는 휴대용으로 작게 나온 것을 즐겨 들고 다닌다. 세월이 지나도 소리가 변하지 않는다.

* **루이비통 수첩** 작은 수첩을 20년 넘게 사용하고 있다. 해마다 수첩에 새로운 속지를 끼우면 기분이 좋아진다. 나폴레옹 3세 때 궁정의 짐 꾸리는 일을 맡았던 루이비통이 1854년 파리에서 여행 가방을 전문으로 판매하는 상점을 연 것이 그 시초다. 루이비통 수첩은 세월을 거치면서 내 손때가 묻어 더욱 빛이 난다.

* **달항아리** 달항아리를 하나 갖고 있는 것은 가슴속에 달을 하나 품고 있는 것과 같은 느낌을 준다. 내가 갖고 있는 것은 이천과 광주, 여주에서 열리는 도자기 축제 때 카피를 써준 것이 인연이 되어 선물로 받은 것이다. 그릇 모양과 투명한 우윳빛이 달을 연상시키기 때문에 달항아리로 불린다. 조선시대부터 실생활에서 많이 쓰던 그릇이다.

* **보테가 베네타 머니클립** 가죽 제품으로 이름난 이탈리아 브랜드다. 가죽 장인들이 가죽끈을 하나하나 엮어서 만든 디자인은 이 브랜드를 상징하는 대표 아이콘이다. 보테가 베네타 뉴욕 부티크에서 크리스마스 쇼핑을 한 앤디 워홀은 이 브랜드를 기리는 단편 영화를 제작

하기도 했다. 1980년대부터 글로벌 신 상류층인 제트족이 선호하는 브랜드로 자리 잡았다. 나는 이 머니클립에 약간의 돈과 카드 하나를 넣고 다닌다.

＊**제플린 시계** 독일의 클래식한 기계식 시계로 비행선 모양의 로고가 있다. 19세기 독일의 항공학자 그라프 본 제플린 백작이 만든 비행선 이름이 제플린인데 도전정신을 상징한다. 이 시계를 차면 왠지 모를 힘이 솟는다. 시간의 소중함도 느껴진다.

남자든 여자든 40대가 되면 스스로 명품이 되어야 한다고 나는 주장한다. 자신의 가치가 돋보이는 명품이 되어야 하고 스스로도 스토리를 가져야 한다. 세상 그 어떤 것과도 바꾸고 싶지 않은 명품의 가치를 만들어야 한다. 그게 성공이다. 그대가 스스로 명품이 되기 위해서는 다음의 세 가지를 실천해보면 어떨까?

1. **한 분야의 전문가가 되어라** 한 분야에서 십 년 이상 일을 하면 전문가가 되어야 한다. 십 년을 일했는데 아직 전문가 대열에 끼지 못한다면 반성할 일이다.

2. **자신의 스토리를 만들어라** 남들이 내 이야기를 할 때 흐뭇하고 감동적

인 스토리를 말하도록 해야 한다. 밋밋한 삶은 결코 명품 인생을 만들지 못한다. 유명인이나 위인들을 보라. 스토리가 있다.

3. **자신의 브랜드를 가져라** 나는 최카피로 통한다. 김연아는 피겨여왕으로 불린다. 이름을 대신할 수 있는 개인 브랜드를 가지면 그것 역시 성공의 증거가 된다.

미각,
혼자 누리는
사치

다른 사람은 먹기 위해서 살고

나는 살기 위해 먹는다.

_소크라테스

일본 도쿄 앞바다에는 오다이바라는 인공섬이 있다. 1990년대 이후 상업지구 및 거주지구로 크게 발전한 후, 요즘은 관광지구로 인기를 끌고 있다. 신바시에서 유리카모메라는 모노레일을 타고 들어간다. 거대한 쇼핑센터와 후지TV 등이 늘어선 곳이고 실제보다 작게 만든 자유의 여신상, 레인보우 브릿지, 건담 등 볼거리가 많아서 관광객이 많은 곳이다. 몇 년 전 도쿄에 갔을 때 수십 년 만에 오다이바를 찾았다. 예전과는 정말 많이 변해 있었다. 이곳저곳을 둘러보니 하루가 금방 갔다. 한참을 다니다가 배가 출출하여 쇼핑센터를 기웃거리는데 눈에 확 들어오는 간판이 있었다.

소출몰주의!(牛出沒注意)

스테이크 전문 식당이었다. 스테이크 식당에 소가 출몰한다니! 들어갔다. 스테이크 종류는 많았지만 기대와는 달리 맛은 훌륭하지 않았다. 간판의 카피가 재미있어서 그걸로 만족했다. 카피라이터의 본능은 어쩔 수 없나 보다. 창가에 앉아 밖을 보면서 식사를 하는 기분은 괜찮았다. 맥주도 한 잔 하면서 말이다. 누구랑 같이 갔으면 느긋하게 혼자 식사를 즐기지 못했으리라. 물론 좋아하는 사람과 함께 식사하는 것도 즐겁기는 하지만.

식사는 즐거워야 한다. 먹는 것이 즐겁지 않으면 그건 인생을 잘못 사는 것이라고 생각하고 있다. 그래서 어떤 모임이든 잘 알지 못하는 사람과 식사를 같이 하는 걸 좋아하지 않는다. 모임이나 비즈니스 때문에 식사를 즐기지 못하면서 같은 자리에서 밥을 먹어야 하는 일은 작은 고역이다. 그런 자리는 되도록 피하고 있다. 술자리도 마찬가지다. 정말 좋아하는 관계가 아니면 함께 술을 잘 마시지 않는다. 접대는 받는 것도 불편하고 접대하는 것은 더더욱 싫다.

이런 이유로 나는 프리랜서가 되면서부터 혼자 식사를 하는 경우가 많아졌다. 혼자서 맛있는 음식을 즐긴다는 것. 괜찮았다. 싫어하는 사람과 싫어하는 음식을 같이 먹는 건 최악이다. 좋아하는 사람과 맛없는 음식을 먹거나 좋아하는 음식을 싫어하는 사람과 같이 선택하는 것도 고역이다. 좋아하는 사람과 좋아하는 음식을 먹지 못할 바에야 차라리 혼자 먹는 식사가 훨씬 낫다는 생각이다. 혼자서 일을 하는 사람은 혼자서 하는 식사에도 익숙해져야 한다.

얼마 전에 친구들과 유럽 여행을 할 때 어느 오래된 식당에서 친구의 부인이 하는 행동을 보고 나는 깜짝 놀랐다. 그 식당에서 해서는 안 될 행동을 서슴지 않고 했다. 내 얼굴이 화끈거렸다. 외국에서 한국 여행객이 욕을 먹는 경우는 대부분 식당에서의 행동 때문이다. 예전의 우리나라 식사 예절은 까다롭고 엄격했다. 그런데 언제부터인가 우리의 식사 예절은 사라

세 번째 스물이 두 번째 스물에게

겼고 안하무인 같은 행동으로 눈살을 찌푸리게 하고 있다. 외국을 여행할 때는 적어도 그 나라에서 해서는 안 될 행동 정도는 미리 알아두는 것이 좋겠다. 그리고 평소에 가정에서는 식사예절을 비롯해서 다양한 예절을 아이들에게도 가르칠 필요가 있다.

먹는다는 것은 참 중요하다. 먹지 않으면 우리는 살 수 없다. 조선의 뛰어난 학자인 양성지의 《눌재집》에 '백성은 오직 나라의 근본이며 먹는 것은 백성의 하늘이라고 하였습니다'라는 말이 나온다. 먹는 것 자체가 중요하고 무얼 어떻게 먹느냐도 소중한 선택이다. 내 몸에 맞는 음식을 즐기면 그것이 바로 멋진 인생이 되고 건강도 챙길 수 있다. 한 끼 한 끼가 중요하다. 영국 속담에 '식사는 의사 이상으로 병을 고친다'는 말도 있다.

친한 선배의 딸이 있다. 마케팅 일을 하는데 그녀를 만나면 함께 식사하는 날이 많았다. 그녀는 대충 먹는 걸 아주 싫어한다.

"삼촌. 오늘 먹는 이 저녁은 두 번 다시 못 먹는 저녁이에요. 그걸 왜 대충 먹어요?"

이런 논리다. 공감한다. 둘이 만나면 맛있는 걸 찾아 제대로 먹는다. 생각해보라. 오늘이 10월 1일이라면 이날은 두 번 다시 오지 않고 오늘 먹는 이 식사는 평생 두 번 다시 못 먹는 식사다. 그걸 대충 먹거나 때운다는 마음으로 식사를 하는 건 자신에게 죄를 짓는 일이다.

두 번째 스물, 그대는 언제나 자유다

티베트 속담에 '내일이 먼저 올지 다음 생이 먼저 올지 우리는 그 누구도 알 수 없다'는 말이 있다. 그들이 살아오면서 터득한 지혜의 말이다. 오늘 하고 싶은 일은 오늘 해야 한다. 내일은 어떻게 될지 아무도 모른다. 라틴어에도 같은 뜻의 아포리즘이 있다. 바로 '까르페 디엠(Carpe Diem)'. 지금 살고 있는 이 순간에 충실하라는 뜻으로, 영어로는 '현재를 잡아라(Seize the day)'로 번역된다. 영화 〈죽은 시인의 사회〉에서 존 키팅 선생(로빈 윌리엄스가 연기함)이 학생들에게 자주 이 말을 알려준다. 키팅 선생과 이 고등학교 학생 일곱 명은 밤마다 모여 '죽은 시인의 사회'라는 단체를 만들어 시를 읊고 자유정신을 찬양한다. 전통과 규율을 중시하는 이 학교의 교장은 그런 키팅 선생을 못마땅하게 여긴다. 결국 키팅 선생은 학교를 떠나고 학생들은 책상 위로 올라가 그가 가르쳐준 자유정신을 행동으로 보여준다.

왜 남들처럼 살아야 하는가? 아무 쓸모도 없는 시 이론은 무시하고 자기만의 세계를 보여주라고 가르친 키팅 선생. 남과 똑같이 걸으려 하지 말고 자신만의 스타일대로 살라고 강조한 선생의 자유정신, 지금도 다시 한번 생각해보게 된다. 우리는 너무 남의 눈치만 보고 산다. 식사조차도 말이다. 키팅 선생은 대학이나 좋은 직장 등 훌륭한 미래라는 미명 하에 학창시절의 아름다움과 낭만을 포기하지 말라고 가르쳤다. 까르페 디엠 정신은 티베트 속담과 너무나 닮았다. 원래 이 말은 로마 공화정 시대의 시인이었

세 번째 스물이 두 번째 스물에게

던 호라티우스의 시에 나온다.

Carpe Diem, quam minimum credula postero.
오늘을 즐기게, 미래에 최소한의 기대를 걸면서.

이 말을 찰나의 쾌락주의로 폄하하는 사람도 있다. 하지만 미래에 대한 기대감 때문에 오늘을 희생하는 현대인들에게는 귀감이 될 수도 있는 말이다. 까르페 디엠의 표현은 여러 가지로 확장되었다. 그중 하나가 '까르페 로사스(carpe rosas)'라는 말이 있다. '장미를 딴다'는 의미로, 성적 쾌락의 장려를 의미한다. 장미는 여성의 성기를 상징한다. 또 하나는 '까르페 녹템(carpe noctem)'이란 말이 있다. 이는 '밤에 충실하라'라는 뜻인데, 2011년 세계 금융의 중심인 뉴욕 월가에서 생겨났다. 세계의 금융을 주무르는 미국의 트레이더들이 유럽 재정 위기에 얽힌 뉴스를 빨리 들으려고 잠을 못 자는 현상을 빗댄 말이다. 미국과 유럽의 시차 때문에 생긴 말이다.

식사는 살기 위해서 영양소와 수분을 공급하는 행위이면서 한 사람의 심리적 욕구를 만족시키는 일이다. 또한 가족이나 친구들과의 의사소통과 연대감을 강화하는 기회가 되기도 한다. 이런 것들이 모여 식문화가 형성된다. 이중 심리적 욕구를 만족시키는 것이 가장 중요하다. 그러므로 혼자하는 식사를 두려워 말라. 식사의 가치를 다시 생각하라. 필요할 땐 해야겠지만, 남들과 식사를 하거나 술자리를 하느라 시간과 정열을 낭비하지 말라. 자신의 이미지를 그렇게 만들어라. 접대나 향응이 아니라 오직 능력만으로 비즈니스를 하는 사람은 혼자서도 만찬을 즐길 자격이 충분하다.

요리는
아이디어의
친구

요리를 해보면 그것은 늘

과소평가된 기쁨이란 걸 알게 된다.

_최카피

@ @

악어 고기를 먹을 수 있을까? 악어 요리를 마주하기 전에는 생각조차 해보지 못했다. 그런데 악어 요리는 나에게 새로운 미각의 세계를 열어주었다. '세상에! 악어가 이렇게 맛있다니! 그 징그러운 동물이 주는 미각이 이토록 특별하다니!'

아프리카 케냐를 여행할 때였다. 야생동물을 함부로 잡는 것이 법으로 금지되어 있다고 들었다. 사냥을 못하게 되면서 마사이마라의 전사였던 마사이족에게서도 사자를 잡던 용맹한 모습을 볼 수 없게 되었다. 관광객을 위해 춤을 추고 소똥과 진흙으로 만든 집에 살면서 마을을 구경시키는 모습 정도만 볼 수 있다. 케냐에서 사냥은 동물끼리만 이루어진다.

야생 동물로 만든 바비큐 요리를 야마초마라고 하는데, 나이로비에서는 한국인인 고 전낙원 회장이 운영하던 사파리클럽과 카니보어(carnivore)라는 식당 두 군데에서만 맛볼 수 있다. 카니보어는 야마초마로 워낙 유명한 곳인데다 다양한 야생동물 요리를 먹어볼 수 있다기에 마음 먹고 찾아갔다. 명성만큼이나 식당 안은 전 세계의 여행객들로 북적였다.

얼룩말 무늬 복장을 한 종업원이 꼬챙이를 들고 와 바비큐를 권했다.

두 번째 스물, 그대는 언제나 자유다

수놈 한 마리가 수십 마리의 암놈을 데리고 산다는 임팔라도 있고, 양고기, 기린, 타조 고기는 물론 악어 고기도 있었다. 원하는 고기를 앞에 놓인 접시에 썰어주었다. 종업원이 든 접시에서 맛있는 고기 냄새가 났다. 손짓으로 접시를 가르켰다. 무슨 고기냐고 물으니 '크로커다일'이라고 말하는 것이 아닌가. 악어? 잠시 망설이다가 나는 고개를 끄덕였다. 소스는 열두 가지나 나온다. 종업원이 권하는 소스에 악어 바비큐를 찍어 먹으니 그 맛이 예사롭지 않았다. 닭고기와 비슷한 맛이면서도 느낌이 많이 달랐다. 악어의 생김새를 상상하고 가졌던 선입견이 순식간에 무너졌다. 새로운 맛의 세계를 경험하는 향연이었다. 바비큐는 무제한이므로 그만 먹고 싶을 때는 식탁에 올려둔 작은 깃발을 내리면 된다. 나는 악어와 임팔라를 양껏 먹었다. 식당을 소개한 케냐 친구가 빙그레 웃고 있었다.

나는 요리를 좋아한다. 요리를 좋아한다는 것은 먹는 것을 좋아한다는 의미와 요리하는 걸 좋아한다는 두 가지 의미가 있다. 내 경우는 먹는 것을 좋아하기보다는 맛있는 것을 찾아 먹는 걸 좋아한다고 해야 정확한 표현일 것이다. 같은 돈을 주고 맛없는 요리를 먹으면 화가 난다. 요즘에는 맛집 정보를 찾아보는 것도 믿을 수 없게 되었다. 인터넷에 올라오는 글 중에는 가짜가 많기 때문이다. 대부분이 홍보성 글이다. 파워블로거의 맛집 소개도 믿기 어렵게 되었다. 그러다 보니 직접 가 보고 맛을 본 후 나만의 맛집으로 정해 자주 가는 편이다. 의외로 알려지지 않은 곳에서 미각의 즐거움을 발견하는 경우가 많다.

나의 맛집 순례 요령은 먼저 간판을 본다. 간판에서 맛의 유무를 판단한다. 그리고 주차장을 본다. 차가 적은 곳은 피한다. 사람이 적게 오는 곳은 아무래도 음식 맛이 의심스럽다. 마지막으로 그 식당의 전체적인 느낌에서 맛이 있는 집인지 아닌지 판단할 수 있다. 지금까지 그렇게 다닌 음식점 행차가 대개는 맞았다. 나와 같이 다니는 친구들은 나의 판단을 존중한다. 틀린 적이 거의 없으니 말이다.

파스타는 내가 자주 만들고 잘 만드는 메뉴다. 파스타 중에서도 봉골레. 스파게티와 치즈에 싫증 난 이탈리아의 항구 사람들이 만든 것이 봉골레다. 조개 국물이 봉골레의 맛을 결정하는데 주로 바지락, 모시조개, 백합 등으로 만든다. 올리브유에 마늘을 넣고 소스와 삶은 면과 조개를 넣어 볶으면 되는 간단한 요리다. 물론 요리는 간단한 것일수록 맛있게 만들기가 까다롭기는 하다.

요리는 창의다. 재료에 양념을 넣어 맛을 만드는 창의적 행위다. 여기에는 시각은 물론 청각, 미각, 후각, 촉각 등 모든 감각이 다 동원된다. 그러다 보면 같은 재료를 가지고도 새로운 요리의 육감을 찾아내기도 한다. 라면 하나로도 수백 가지의 요리를 만들 수 있다고 하지 않는가.

아이디어를 생각하고 그것을 발전시키는 것을 아이디어 쿠킹이라고 표현한 책이 있다. 조성기는 《아이디어 쿠킹》에서 아이디어는 마치 요리처럼 쿠킹을 해야만 발전시킬 수 있으니, 생각을 요리하라고 주장했다. 공감이 가는 이야기다.

요리나 창의성은 결핍이 있으면 나온다. 배가 고프지 않으면 요리를 만들지 않듯이 생각의 결핍이 새로운 아이디어를 만들어낸다. 아이디어는 요리의 단계처럼 잘 버무리고 양념을 넣어 완성까지 충실하게 쿠킹을 해야 한다. 최초의 아이디어를 이렇게 발전시키지 않으면 창의적인 결과물로 살아날 수 없다. 재료 그 자체만으로는 요리가 될 수 없듯이 아이디어도 재료만으로는 새로운 생각이 될 수 없다.

예전에 미국의 시사주간지 〈타임〉은 최악의 올림픽 개막식으로 88서울올림픽을 언급한 적이 있다. 평화를 상징하는 비둘기를 하늘로 날아가게 하는 아이디어는 좋았으나, 실제 개막식에서는 성화 점화와 동시에 비둘기가 불에 타 죽는 장면을 전 세계에 보여주었기 때문이다. 아이디어는 좋았으나 실행에서 실패한 경우다. 아이디어를 제대로 쿠킹하지 못한 탓이라고 할 수 있다.

디지털카메라를 누가 가장 먼저 개발했을까? 놀랍게도 코닥이다. 그러나 코닥은 이 아이디어를 제대로 요리하지 못했다. 필름 시장을 고집하다가 새로운 시장을 창출하지 못한 것이다. 한때 세계 휴대전화 시장을 주름잡았던 노키아는 스마트폰이라는 아이디어를 가장 먼저 생각했다. 그러나 기존의 시장에 미련을 두다가 애플과 삼성의 약진에 밀려 회사의 존폐까지 걱정하는 지경에 이르렀다. 애플과 삼성은 스마트폰 아이디어를 잘 요리한 덕에 휴대폰 시장을 주도하게 되었다.

아이디어는 마치 요리처럼 어떻게 만들어 가느냐에 따라 전혀 다른 결실로 나타난다. 요리의 재료, 시간, 온도 등이 요리의 격과 맛을 결정하듯이 아이디어도 마찬가지다. 아이디어 쿠킹을 잘하면 작은 아이디어도 큰 결실을 가져올 수 있다. 별 볼 일 없는 작은 생각이 인류의 역사를 변화시킬 수도 있다. 시작은 미약하나 나중은 창대해지는 것이다.

남자도 요리를 하고 이를 즐기는 시대가 되었다. 앞치마를 입고 칼질에 몰두하는 남자의 모습은 전혀 낯설지 않다. 하기야 세계적인 요리사는 대개 남자가 아닌가. 유명 패션 디자이너도 남자가 많은 걸 보면 남자들이 요리와 옷 만들기에 더 재능이 있는 건 아닐까.

요리를 즐겨야 한다. 요리를 하는 과정에서 쾌감을 느껴야 한다. 요리를 하면서 창의력을 발달시킬 수 있다. 아이디어맨은 요리를 잘한다. 요

세 번째 스물이 두 번째 스물에게

리를 못하거나 요리에 취미가 없다면 오늘부터 한 번 도전해볼 필요가 있다.

나는 요리를 하고 있으면 생각이 명료해지면서 즐거워진다. 중요한 프로젝트를 맡고 멋진 아이디어가 간절하게 필요할 때 손에 칼을 들거나 냄비 앞에 선 내 모습을 발견하곤 한다. 요리도 즐기고 새로운 아이디어도 사냥한다. 요리는 바로 창의성의 보고니까.

패션,
조화와
감각

시간을 즐겨

시간은 지나가

내 장담하지

_ 영화 〈퍼니 피플〉 중에서

그녀는 체구가 아담하고 미소가 아름다웠다. 청바지와 티셔츠 차림을 즐겼다. 유럽 어느 도시에서 열린 세미나에 갔다가 프랑스에서 온 그녀와 친해졌다. 키가 큰 서양인은 아무래도 부담스러운데 그녀는 고맙게도 나와 키가 잘 어울렸다. 수수한 옷차림도 마음에 들었다. 세미나가 끝나면 미술관이나 박물관을 함께 둘러보곤 했다. 다행히도 그녀는 영어를 또박또박 말하는 스타일이어서 소통에도 별 지장이 없었다.

그녀가 청바지에 티셔츠만 입어도 멋져 보였던 것은 왜였을까? 왠지 모를 세련된 이미지는 무엇 때문이었을까? 그녀와 함께 시간을 보내면서 그 이유를 알게 되었다. 그녀가 세련되고 아름답게 보이는 건 비싸고 유명한 브랜드를 입어서가 아니었다. 자신에게 맞는 옷을 입을 줄 아는 패션감 각을 갖고 있었기 때문이다. 자신에게 맞는 옷을 찾는 감각이 패션을 완성한다. 아무리 비싼 옷이라도 나하고 맞지 않으면 어색하고 이상해 보인다.

내 친구 부인은 유독 영국의 유명한 패션 브랜드를 좋아한다. 머리끝에서 발끝까지 그 브랜드로 감싸고 있을 때가 많다. 내가 볼 때는 어색하고 어울리지 않는다. 패션의 완성은 조화인데, 조화를 살리지 못하고 있었다. 그래서 어느 날 우정 어린 충고를 했다. 아무리 유명한 브랜드의 옷이라도

두 번째 스물, 그대는 언제나 자유다

조화를 생각하라고. 유감스럽게도 그 부인은 나의 우정을 받아들이지 않았다.

우리 속담에 '가게 기둥에 입춘'이라는 말이 있다. 초라한 가게 기둥에 '입춘대길(立春大吉)'이라 써 붙인다는 뜻이다. 제격에 맞지 않는 상태를 일컬을 때 쓰인다. 패션의 핵심은 제격에 맞는 것이고 어울림이다.

인간은 언제부터 패션을 중시했을까? 창세기에 나오는 유명한 이야기에 답이 있다. 아담과 이브(하와)는 에덴동산에서 옷을 벗고 살았다. 하느님이 말하길 '무슨 열매라도 따먹을 수 있지만 선악과는 따먹지 마라. 그걸 먹으면 너희는 죽을 것이다'라고 했다. 그러나 뱀이 이브를 유혹한다. 선악과를 먹으면 눈이 떠질 것이며 결코 죽지도 않을 것이라고. 이브는 뱀의 유혹을 못 이기고 선악과를 따 먹었다. 아담도 결국 같이 먹은 후 둘은 벌거벗은 자신들의 모습에 수치심을 느껴 무화과잎으로 몸을 가렸다.

이런 상상을 해본다. 아담은 급한 대로 커다란 무화과잎을 따서 몸을 가렸겠지만, 이브는 자신에게 어울리는 잎을 고르고 골라 좀 더 멋진 잎으로 몸을 가리지 않았을까? 이것이 인류 최초의 패션은 아니었을까? 패션의 탄생 말이다. 옷은 이제 우리 몸을 가리거나 추위나 더위로부터 보호해주는 기능을 넘어 그 사람의 인생관이나 감각을 보여주기도 한다. 그래서

세 번째 스물이 두 번째 스물에게

더욱 옷에 신경을 쓴다. 옷으로 멋지게 보이고 싶어 한다.

패션은 원래 상류층 사람들 사이의 유행을 말하는 것이었다. 매너와 폭넓은 생활풍습 등을 패션이라고 불렀다. 프랑스어의 모드라는 말과 동의어다. 패션의 개념은 일반적으로는 복식을 중심으로 한 유행 현상이나 유행하고 있는 복식 그 자체를 말하지만 복식뿐만 아니라 인테리어, 취미 등을 포함할 때도 있다. 어떤 복식이나 인테리어의 디자인을 받아들인 가치관이나 미의식을 패션의 개념에 포함하는 것이다.

패션의 어원은 라틴어의 팍티오에서 나왔다. 유행, 풍조, 양식을 일컫는 말로, 만드는 일, 행위, 활동 등을 뜻한다. 오늘날의 패션은 주로 의복 또는 복식품의 유행을 가리킬 때 사용한다. 특히 패션은 어느 특정한 감각이나 스타일의 의복 또는 복식품이 집단적으로 일정한 기간에 받아들여졌을 때, 이를 패션이라 한다. 이 말에서 중요한 키워드는 '집단적으로 일정한 기간'에 있다. 혼자 우긴다고 패션이 되는 건 아니며 일정한 기간 동안 유행하는 것이 패션의 본질이다. 그래서 패션은 늘 새로운 것을 추구한다.

새로운 패션은 주로 패션쇼를 통해 이루어진다. 시즌에 앞서 새로운 복식품을 전시하거나 모델이 입고 공개하는 것을 말한다. 그 기원이 명확하지는 않지만, 1800년대에 프랑스 파리의 쿠튀르 살롱들에서 이미 '패션

세 번째 스물이 두 번째 스물에게

퍼레이드'가 주기적으로 열렸다고 한다. 패션은 오뜨 꾸뛰르(haute couture), 즉 고급 주문복 의상점에서 브랜드화되고 발전했다.

옷을 잘 입는 것은 사회활동을 하는 사람에게 중요하다. 백화점 판매원들은 손님이 매장에 들어오는 순간 그 사람의 값어치를 매긴다고 한다. 선입견은 사실 무서운 것이다. 한 번 생기면 좀처럼 변하지 않는다. 옷이나 시계 등이 자신과 잘 어울리면 자신감이 생기고 다른 사람에게 호감을 준다. 동료의식을 느끼게 하며 신뢰가 생기기도 한다. 그러므로 자신을 돋보이게 하면서 잘 어울리는 패션을 찾는 것이 좋다. 옷, 시계, 구두 등을 모두 명품으로 갖춰 입는 것보다는 하나만 강조하는 것이 더 멋있게 보인다. 허름한 청바지와 티셔츠를 입었는데 시계는 좋은 걸 차고 있을 때 더 개성 있게 보인다. 아니면 멋진 운동화나 구두만으로도 돋보이는 패션을 연출할 수 있다. 술집 웨이터들은 옷보다는 손님의 구두나 시계를 보고 그 사람의 재정 능력을 파악한다고 한다.

자신의 패션을 완성하는 것은 비싼 옷이나 시계, 구두를 착용하는 것이 아니다. 자신에게 어울리는 패션 감각을 발견하는 것이 먼저다. 조화로운 패션 감각을 찾아내면 그게 바로 패션의 완성이다. 패션은 감각이지 브랜드가 아니라는 점을 기억하자.

두 번째 스물, 그대는 언제나 자유다

사진의
매력

그나마 약간의 가치라도 있는 역사는

오늘날 우리가 만드는 역사밖에 없다.

_ 핸리 포드

⑥ ⑥

　인도여행 중에 누구나 다 간다는 갠지스강을 찾았다. 뉴델리에서 열일곱 시간 동안 밤 열차를 타고 도착한 바라나시. 그것도 2층 침대에 누워서 비몽사몽의 시간을 보내고 나서 아침에 마시는 짜이 한 잔에 다시 힘을 얻고 찾아간 곳이다. 바라나시에서는 가만히 지내는 것이 최고라는 말이 있다. 삶과 죽음에 대한 생각만으로도 충분한 그곳.

　갠지스강은 '강가'라고도 하는데, 갠지스강을 상징하는 여신을 뜻한다. 강가는 하얀 얼굴에 왕관을 쓰고 악어 위에 올라앉은 여신의 모습이다. 힌두교에서는 갠지스강에서 목욕을 하면 죄와 업이 씻겨나간다는 믿음이 있다. 또한 죽어서 갠지스강에 재를 뿌리면 영혼이 열반에 든다고 하여 거기에서 화장을 하는 모습을 자주 볼 수 있다. 시체의 재를 뿌린 강물에 목욕하는 모습이 처음에는 잘 이해가 되지 않았다. 강물을 병에 담아 집에 보관하기도 한다고 해서 나도 작은 병에 물을 담아왔는데 지금은 다 말라버렸다.

　갠지스강을 여러 번 다녀왔다. 아침 일출과 밤 풍경도 봤다. 시체를 화장하는 모습과 골목길의 풍광도 경험했지만 생각만큼 강렬한 느낌을 받지는 못했다. 그런데 한국에 돌아와 사진을 정리하다가 갠지스강의 모습을 보면서 바라나시가 생각났다. '아! 이런 곳이었구나!' 바라나시가 그리 웠다. 갠지스강이 다시 보고 싶었다. 이런 느낌을 받은 건 사진 덕분이었다. 내가 눈으로 미처 깨닫지 못한 바라나시와 갠지스의 모습이 사진 속에 있었다. 사진의 힘이다. 사각의 프레임이 보여주는 마술이다. 카메라 렌즈가 주는 영상의 미 덕분이다. 사진은 우리에게 눈으로 미처 느끼지 못하는 세상을 보여준다. 카메라의 눈을 통해 세상의 새로운 의미를 발견하는 것, 나는 이것을 관점 능력이라고 부른다. 사진을 찍어야 하는 이유 중 가장 중요한 이유다.

우리는 나이를 먹으면서 세상을 다르게 보기 시작한다. 미처 알지 못하던 세상의 법칙을 알게 되고 새로운 의미를 발견하기도 한다. 그럴 때 카메라로, 사진으로 세상을 보면 새로운 의미가 더 강하게 다가온다. 마흔이 넘으면 사진을 좋아지는 이유이기도, 좋아해야 하는 이유이기도 하다.

디지털이 발달한 요즘은 사진의 개념과 활용법이 많이 달라졌지만 원래 사진의 의미는 물체의 형상을 감광막 위에 나타나도록 하여 장기간 보존할 수 있게 만든 영상을 말한다. 모든 물체는 빛을 뿜으며 그 빛을 사진기 렌즈로 모아 필름이나 건판 따위에 상을 맺게 하고 이것을 현상하여 음화라고 하는 영상을 만든다. 그것을 인화지에 양화를 만드는 것이 본래의 사진을 만드는 방법이다. 요즘 즐겨 쓰는 디지털 카메라는 물체의 영상을

세 번째 스물이 두 번째 스물에게

촬상소자(CMOS 및 CCD)에 기록하고 카메라 화면이나 컴퓨터로 보는 것이 일반적이다. 사진을 만들고 보는 것이 아주 간편해졌다.

사진은 그 자체로는 과학이면서 결과물은 예술이 되기도 한다. 레오나르드 다빈치는 우리가 사용하는 카메라의 원형인 어둠상자(camera obscura)로 그림을 정확하게 그리는 복제 도구로 사용했다. 카메라가 복제 수단으로 발달했기 때문에 사진의 예술성이 논란이 되기도 했다. 그림의 복제 수단으로 판화가 애용되었지만 보다 정밀하고 저렴한 카메라의 복제기술이 발달하면서 사람들에게 환영을 받은 것이다. 애초에 사진은 예술이 아니라 새로운 판화처럼 여겨졌다. 예술은 오리지널의 가치를 가져야 하기 때문이기도 하다. 그런데 사진이 왜 예술의 수단이 되었을까?

우선 카메라의 렌즈는 인간의 의식이 찾아내지 못하는 현실의 내면까지 물리적으로 정확하게 발견하고 기록한다. 렌즈가 사람의 눈보다 더 잘 본다는 주장도 있다. 공감한다. 다음으로 카메라는 우리의 시점을 자유롭게 해준다. 다양한 렌즈의 발달로 멀리 있는 공간을 보여주기도 하고 미세한 세상을 표현하기도 한다. 이제 망원 렌즈와 접사 렌즈는 반드시 필요한 도구가 되었다. 렌즈를 통해 새로운 영상을 발견하는 기쁨은 사진가만이 아니라 누구나 느낄 수 있는 시대가 되었다. 카메라의 각도와 구도에 따라 대상의 다양한 모습을 담기도 하고 그 안에서 강렬한 주제를 표현하기도 한다. 카메라 예술의 핵심이다.

마지막으로, 사진은 과거의 모습을 현재라는 시간에서 재생할 수 있다. 우리가 살아가는 모습은 언제나 흘러가는 것이다. 멈추어진 시간이란 존재하지 않는다. 사진은 새로운 시간 개념을 우리에게 주고 있다. 눈으로는 미처 감지할 수 없는 운동의 순간도 사진으로는 표현할 수 있다. 이렇게 기록된 사진은 찍은 이나 보는 이에게 강렬한 감정이입을 일으키기도 한다. 직접 경험하지 못한 상황을 사진을 통해 경험한다. 그동안 우리가 추구해온 언어기호가 아닌 영상기호로 상투적인 표현의 한계를 넘어서는 것이다. 이를테면 로버트 카파(Robert Capa)라는 사람은 20세기 최고의 전쟁 보도 사진작가로 명성을 떨쳤다. 그는 에스파니아 내전은 물론 중일전쟁, 제2차 세계대전 유럽전선과 중동전쟁, 인도차이나 전쟁의 모습을 기록하여 오늘날에도 생생하게 당시의 모습을 볼 수 있게 하였다.

이렇게 정리하니 우리가 사진을 찍어야 하는 이유가 더욱 명확해진다. 그러면 사진을 통해 자신을 업그레이드 하려면 어떻게 해야 할까? 우선 카메라를 마련해야 한다. 성능이 뛰어난 카메라, 물론 좋다. 결과물이 다를 수 있기 때문이다. 나중에는 풀 사이즈의 카메라도 필요하게 될 것이다. 요즘 나오는 카메라는 다 좋다. 우선은 카메라를 수시로 들고 다니면서 많이 찍는 것이 중요하다. 미러리스라고 불리는 작고 성능 좋은 카메라가 많다. 스마트폰에 내장된 카메라도 성능이 대단하다. 중요한 것은 많이, 자주 찍는 것이다.

카메라의 기종을 생각하기 전에 구도를 생각해야 한다. 카메라 동호회에 가보면 어떤 카메라를 가졌느냐로 토론을 하는 모습을 볼 수 있다. 물론 비싸고 좋은 카메라가 더 좋은 사진을 만들어낼 것이다. 하지만 사진은 카메라 기종보다 찍는 사람이 보는 구도가 중요하다는 걸 알아야 한다. 구도에 생각을 담으면 좋은 사진이 된다. 구도는 주제를 표현하고 남과 다른 새로운 영상을 만들어낸다. 유명 작가의 사진작품을 많이 보면 구도를 배울 수 있다.

여행을 많이 하고 사람을 많이 찍어 보는 것이 좋다. 경치는 아무리 잘 찍어도 그게 그거다. 사람이 들어간 경치를 찍거나 사람 그 자체에 관심을 갖고 찍는 것이 좋다. 또 한 가지 주제를 잡아서 그것에 집중해보는 것도 좋다. 얼굴이면 얼굴, 손이면 손만 찍거나 꽃이나 벌레 등을 고집하는 것도 좋다. 모든 걸 욕심내면 다 놓치게 된다.

오늘부터 적어도 일주일에 하루는 사진 찍기에 할애해보라. 그대의 관점능력과 표현기술, 생각의 깊이를 다르게 해줄 것이다. 그대의 인생을 다채롭게 꾸며줄 것이다.

세 번째 스물이 두 번째 스물에게

버킷리스트,
삶의 퍼즐을
맞추다

사람은 변한다

때로는 천천히

때로는 빠르게

혹은 좋게

혹은 나쁘게

미얀마는 신비의 땅이었다. 과거에는 버마라는 이름으로 불렸지만 국명이 변경되었다. 랭군은 양곤으로 바뀌었다. 우리나라 사람들은 미얀마를 전두환 대통령 시절 폭발사고로 여러 명의 사상자를 낸 곳으로 기억하고 있다. 나는 오매불망 가고 싶었던 미얀마를 찾았고 수천 개의 불탑이 서 있는 바간과 인레 호수 그리고 인뗑 유적지를 감격스럽게 만났다. 내 버킷리스트 하나가 실현된 순간이었다. 특히 바간은 생각지도 못했던 감동을 주었다. 뜨거운 여름날 불탑을 찾아다니는 것은 대단한 경험이었다. 벌써 십여 년 전의 일이다. 다시 바간을 찾아보고 싶은 마음이 늘 뇌리에서 떠나지 않는다. 바간과의 재회는 나의 새로운 버킷리스트가 되었다.

버킷리스트(Bucket List)는 죽기 전에 꼭 하고 싶은 것들을 말한다. 원래 장 보러갈 때 사야 할 물건의 이름을 차례대로 적어 놓은 것에서 유래한 말이다. 우리의 삶에서 무언가를 종이에 적어 놓고 하나씩 실현해나가는 것이 생각처럼 만만치는 않다. 중요한 것은 일단 버킷리스트를 작성하는 일이다. 이것이 있고 없고에 따라 인생이 많이 달라지기 때문이다. 하기 힘든 일을 해낼 수도 있고 전혀 다른 경험을 만들기도 한다.

〈버킷리스트〉라는 영화도 있다. 살아가는 것이 무엇인지를 생각하게

세 번째 스물이 두 번째 스물에게

하는 이 영화는 친구나 제자들에게 늘 추천하는 작품이다. 원래 좋아하는 배우지만 이 영화를 보고 모건 프리먼이라는 배우를 다시 보게 되었다. 가난하지만 건실하게 살아가는 자동차 정비사 카터(모건 프리먼)는 병에 걸려서야 대학 신입생 시절에 철학 교수가 과제로 내주었던 버킷리스트를 떠올린다. 그러나 나이가 들고 병에 걸린 지금은 쓸쓸한 추억일 뿐이다. 잃어버린 꿈에 불과한 것이다. 그러다가 같은 병실에서 만난 재벌사업가 에드워드(잭 니콜슨)를 만나면서 모든 것이 달라진다.

에드워드는 비싸기로 유명한 르왁 커피를 즐겨 마시면서 버킷리스트 같은 것에는 관심도 없던 부자다. 르왁 커피가 고양이 똥에서 나왔다는 것도 카터를 통해 알게 된다. 같은 병실을 쓰던 두 남자는 살아온 인생이 다른 상대방에게서 공통점을 발견하게 된다. 죽음을 앞두고 자신의 존재 의미를 생각하고, 지금이라도 하고 싶었던 일을 해야겠다고 깨달은 것이다. 두 사람은 버킷리스트를 실천하기 위해 병원을 벗어나 여행을 시작한다. 그들의 버킷리스트는 이런 것들이다.

세렝게티에서 사냥하기, 몸에 문신하기, 카레이싱, 스카이 다이빙, 눈물 날 때까지 웃어 보기, 가장 아름다운 소녀와 키스하기……

이루어질 것 같지 않던 버킷리스트들은 에드워드의 재력과 두 사람 용기에 의해 하나둘씩 이루어진다. 두 사람은 여러 가지 일을 함께 해내면서 낄낄댄다. 삶의 즐거움을 알게 된 것이다. 딸을 만나기를 두려워하던 에드 워드는 강요에 가까운 카터의 권유로 딸을 만나 화해하고 세상에서 제일 예쁜 손녀와 뽀뽀를 한다. 두 사람은 죽은 후에 깡통에 담겨 히말라야 어느 산 정상에 묻히게 된다. 버킷리스트에 적은 모든 것이 이루어진 순간이다. 삶의 통찰, 인생의 보람, 감동과 우정을 다룬 멋진 영화다.

나에게도 버킷리스트가 있다. 그중 몇 개는 이뤘지만 아직 많이 남아 있다. 그중 하나가 히말라야 자전거 트레킹이다. 걸어서 히말라야 트레킹 을 해본 적이 있다. 어느 날 문득 '자전거를 타고 히말라야를 트레킹하면 얼마나 멋질까' 하는 생각이 들었다. 사진을 보니 실제 자전거 트레킹을 하 는 사람들도 있었다.

또 하나는 전 세계에 친구 백 명을 두는 것이다. 그동안 각지에 만들어 놓은 친구를 따져 보니 열댓 명 남짓하다. 앞으로 살아가는 동안 백 명의 친구를 사귈 수 있을까? 백 명이 안 되어도 괜찮다. 이국에 친구를 갖는다 는 사실만으로도 즐겁다. 그러니 이 버킷리스트는 결코 버리지 않을 생각 이다.

나는 카피연구생이라는 교육과정을 통해 그동안 오백여 명의 카피라이터 제자를 길렀다. 이십 년 넘게 해온 교육과정이다. 처음에는 백 명의 제자만 키울 작정이었는데, 막상 백 명이 되니 모두 내 기대만큼 잘하는 것은 아니었다. 정말 마음에 드는, 실력 있는 카피라이터 백 명을 키우자는 마음으로 계속 교육을 하다 보니 오백 명이나 된 것이다. 그들 중 백여 명은 광고계에서 실력 발휘를 하고 있으니 이 역시 이루어진 셈이다.

이외에도 열 가지 정도가 있다. '언젠가는 실천해야지' 하면서 다짐하고 있다. 바보 같은 생각이다. 당장 실행해야 이루어진다는 걸 알고 있으면서도 잘 안 된다. 누구나 그럴 것이다. 그래서 늘 '하자! 하자!'는 다짐을 하곤 한다.

그대는 버킷리스트가 있는가? 없다면 당장 작성해보라. 사람은 생각하는 대로 행동하고 행동하는 대로 운명이 결정된다. 종이를 펴고 버킷리스트를 작성해보라. 불가능해 보이는 것도 적어보라. 만약 버킷리스트가 있다면 그것을 실천하라. 인생은 한 번뿐이다. 인생을 두 번 살 수 있다면 더 많은 것을 하고 싶을 수도, 지금 못하는 것은 다음 생으로 미룰지도 모른다. 그러나 한 번뿐인 생에서 하고 싶은 걸 하지 않는 것은 자기 자신에게 죄를 짓는 것은 아닐까. 티베트 속담대로 '내일이 먼저 올지 다음 생이 먼저 올지 누구도 모르는 일'이다. 미루다 보면 결국 못하는 경우가 허다하다.

버킷리스트를 작성하고 실천하자. 그것이 그대 삶의 마지막 퍼즐을 맞추는 일이다. '비극은 우리의 삶이 너무 짧다는 것이 아니라 정말 중요한 것이 무엇인지 너무 늦게 깨닫는 것이다.' 호스피스 운동가인 퀴블러 로스의 말이다.

인생은 저지르는 자의 몫이다.

세 번째 스물이 두 번째 스물에게